中公新書 989

加地伸行著

儒教とは何か
増補版

中央公論新社刊

はじめに――葬式と儒教と

儒教とは何か――葬式を例に取ってみよう。葬式の中に、儒教が落している影を見ることができるからである。

日本で葬式と言えば、まず仏式であろう。葬式があると聞けば、日本人の大半は、まずは仏式と思って数珠を持って参列する。私は真言宗信者としてすでに受戒しており、仏式葬儀を心得ている。ところが、参列してみると、参列者のほとんどが仏式葬儀において最も大切なことが分っていない。すなわち、参列者のほとんどの人が拝みかたをまちがっているのである。

葬儀場、例えば寺院の本堂としよう。死者は僧侶でなくて、一般人としよう。さて焼香のそのとき、参列者のほとんど百パーセントの人は、葬儀場に安置されている死者の柩や写真や白木の位牌を拝んでいる。特に写真に向って拝んでいる。これはおかしい。

＊儒教では、死者がベッドにあるとき、それを「屍」と言い、棺に納めた死者を「柩」と言うのだが、現代日本語では、棺すなわち柩として使われているので、それに従っておく。

仏教徒であるならば、その寺院の本堂中央に安置されている本尊をこそ拝むべきである。死者の柩は真正面でなく、かたわらに置いてもいい。なぜなら、仏教では、仏を、延いては法（最高の教え）をこそ崇め拝むのがいちばん大切なことであるからである。そして、崇め拝み奉った本尊の広大な恵みや余光を得て、導師（僧侶）に導かれて来世の幸福が得られることを、或いは成仏することを死者に期待するのであるから。

もちろん、仏式葬儀は寺院で行なわれるとは限らない。かつては自宅に会場をしつらえて葬儀を行なうのが普通だったが、今は葬儀場で行なわれている。その場合でも、仏式ならば、その会場に本尊を必ず安置する。その本尊は、暫時、仏壇の奥に座します本尊を遷して安置してよいのだが、多くの場合、別の臨時の本尊を安置する。どういう本尊かと言うと、その宗派を代表する名号を記すことによって本尊を象徴化した掛軸である。例えば真言宗系なら「南無大師遍照金剛」、浄土宗・真宗系なら「南無阿弥陀仏」、禅宗系なら「南無釈迦牟尼仏」、日蓮宗系なら「南無妙法蓮華経」といった、その宗派の象徴となっている重要なことば、名号を一行に記した掛軸を掛け、それを本尊とする。この掛軸の前に柩を置くのがふつうとなっている。だから、崇め拝むべき対象は、あくまでも本尊としての、その掛軸である。その掛軸への拝礼が終わってから、柩に対して思いをいたすべきである。これが仏式葬儀における最も大切な点である。これに比べれば、その他のこと、例えば数珠をどう持つかと

ii

はじめに——葬式と儒教と

か、焼香のとき香を何回つまむとか、遺族にどう会釈するかとか、といったことは論ずるに足らない小事である。

しかし、仏式葬儀参列者のほとんどの人は、故人の写真を仰ぎ、柩に向かって礼拝し、故人を想い、泣き、何回も香をつまんでは焼香し、重々しく遺族に挨拶しているだけであって、本尊に対してはまったく素知らぬ顔で退場する。葬儀業者もいたずらにゴテゴテと祭壇を盛りあげ、本尊の掛軸を見えなくしてしまい、故人の写真や白木の位牌をデンと大きく前面に据えて、あたかもそれが葬儀の中心であるかのようにしつらえてしまっている。多くの葬儀業者は仏式葬儀とは何かということがよく分っていない。だから会場入口に仏教とは何の関係もない水車などを置いて回したりしている。或るとき私が亡友の葬儀委員をしたとき、水車のようなそんなものは不要だから除けろと業者に言ったところ、とんでもない答えが返ってきた。「除けられません。セット料金になっていますから」。

では、人々はなぜ柩を拝むのか。これは実は、仏教ではなくて儒教のマナーである。厳密に言えば、儒式葬儀の一段階なのである。と言えば、読者諸氏は驚かれることであろう。しばらくそのままで、もう少し仏式葬儀の進行の様子を見てみよう。

葬儀が始まり、本尊に対する導師の読経が終ると、導師はさっさと退場する。そのあと、遺族たちによって柩に別れ花が入れられる。ついで遺族たちが柩を持ち（挽き）出棺となる。この儀式のとき、不自然さを感じないであろうか。と言うのは、本尊に読経し死者を導いた

導師が、出棺前に柩をそのままにして、さっさと先に退場してしまい、なぜ出棺に立ち会わないのか、という点である。

その理由は簡単である。仏教では、死者の肉体は、もはや単なる物体にすぎないからである。死者は成仏したのである。或いは、成仏しない場合、その霊魂は生の時間から、「中陰」と言う）別の時間に入ったのである。すると、残る肉体には、もはや、仏教的意味はない。単なる物体である。

しかし、儒教は違う。儒教では、その肉体は、死とともに脱けでた霊魂が再びもどってきて、憑りつく可能性を持つものとされる。だから、死後、遺体をそのまま地中に葬り、墓を作る。それがお骨を重視する根本感覚となるのである。そうした儒教的立場からすれば、死者の肉体は、悲しく泣くべき対象であり、家族（遺族）がきちんと管理すべき対象なのである。出棺のとき、仏教的には僧侶は関係がなく、儒教的には家族が関係し、その柩を運ぶのは、当然なのである。

儒教では、死者になると、それを悼んでいろいろな儀式を行なう。始めにまず北窓の下にベッドを設けてそこに遺体を安置する。これは儒教の規定である。このあと順を追って実にこまごまとした規定の下に儀式を進行する。そして出棺となり墓地に葬る。死から葬るまでのその間、遺体を家に安置しておくが、このことを殯（もがり・かりもがり）と言う。死後すぐに遺体を葬るわけではない。今日の葬式において、お通夜をしたり告別式がすむまで柩

iv

はじめに──葬式と儒教と

を安置しているのは、〔遺体を葬る、或いは焼くまで、医学上・法律上の時間制限があるが、それは別として〕儒教における殯の残影なのである。もちろん、日本における古来からの習俗とも融合してはいるが、その起源はずっと古い。かつては遺体を風葬（野ざらし）し、肉が落ち白骨になるとそれを集めて墓に納めた。その期間が約二年（実は、この期間が《三年の喪》につながる）である。その風葬の期間の残影が殯（遺体安置の時間）なのである。つまり、遺体安置から出棺までの時間は風葬の名残りなのである。

以上のように、儒教では、死から殯の儀式を経て、遺体を地中に葬り、さらにその後の儀式が続くが、そういう一連の儀式全体を《喪》と言う。遺体を埋める《葬》の一段階にすぎないのである。だから儒教的に言えば、「葬式」ではなくて「喪式（喪礼）」が、「冠婚葬祭」ではなくて「冠昏（婚のこと）喪祭」が正しい。しかし、現代日本語では、「葬式」ということばで表わすようになってしまっているので、以下、本書においても「葬式・葬儀」ということばを使うことにする。

さて、儒教的には、死者の肉体は焼くべきではない。かつては遺体をそのまま土葬することが多かったが、それは儒式である。仏教は火葬にする。死者の肉体には仏教的意味が認められないからである。まして、焼いたあとの骨を拝むなどということは、仏教的にはおかしい。お骨を納めたお墓は、本来は仏教と関係がないはずである。ただし、シャカが亡くなってのち、その骨を納めた塔が建てられ、崇拝されているのは、例外である。追慕の極まった

形にすぎない。

このように、仏式葬儀の中に、儒式葬儀の儀礼が取りこまれているのである。いや、あえて言えば、インドにおける本来の仏教に、果して今のような葬儀の儀礼があったのかどうか疑問なのである。例えば、明代の中国人儒者、丘濬は、こう言っている。仏教は、中国伝統の喪礼や祭祀のしかたを盗んで葬儀や法要の諸儀礼を作っている、と（『文公家礼儀節』序）。

ただし、誤解なきようにあえて記すが、日本仏教はもちろんすぐれた宗教として存在する。私は仏教信者でありつつ、儒教的感覚の中で生きている（本書二四八ページ）。

一方、「儒教に葬儀儀礼があるのか」と問う人がいる。愚問である。儒教こそ葬儀を重視し、みごとに体系化しているのである。葬儀儀礼をぬきにして、儒教は存在しえないと言って過言ではない。儒教こそ葬儀を本分としている。そして、この葬儀を通して、儒教は宗教へと一直線につながっているのである。にもかかわらず、儒教は死を語らない、と誤解され、ただ単に倫理道徳を教える四角四面のイメージとして理解されている。それは大いなる誤りである。儒教こそ実は死と深く結びついた宗教なのである。そのことを、本書はこれから述べてゆく。

さて、葬式で拝礼、出棺ときたのであるから、もう少し葬儀の進行を追ってみよう。葬儀の帰路、会葬者に対して遺族側は答礼として御挨拶をする。そのとき、清め塩（塩を小さな紙袋に入れたもの）というものがよく渡される。これはいったい何なのか。

vi

はじめに──葬式と儒教と

葬儀が終わって帰宅して家に入る前、この清め塩を身体にふりかけるためである。なぜなら、葬儀に参列し、死者と関わり、死の穢れがついたであろうから、それを除くための「清め塩」というわけである。

死者の穢れ──これは儒教でも仏教でもない。日本古来の死生観であり、神道につながっている。しかし、古来の習慣の伝統は絶えない。その点は中国人（儒教）やインド人（仏教）と異なる。日本人は死者を穢れたものと考えてきた。日本古来の死生観は、仏式葬儀の中にもとりこまれ、ちゃんと生きている。また、儒式葬儀と日本人の死生観と重層するところがいくつかある。それは後に触れることにしよう。

いずれにしても、現在ごくふつうに行なわれている仏式葬儀の中に、実は儒教や神道の考えが色濃く流れているのである。しかし、人々はふつうそれを意識しないままでいる。いや、実は知らないままである、というのが正確であろう。

そして一方、儒教と言えば、一般には、ただ単に倫理道徳としてしか理解されず、しかも古い封建的なものという、否定のおまけまでついているのが現状である。さらに言えば、世に仏教やキリスト教の概論書は山ほどあるものの、儒教概論書は数えるくらいしかない。しかも、仮にあったとしても、私の眼から見ると、現代人の要求に対して応えうるようなものではない。それどころか、儒教を不十分に、或いは誤って理解しており、むしろ逆効果のようなものさえある。

vii

儒教とは何か——それを根本から問い直してその歴史を追ってゆき、最後に、儒教が現代にどのように関わっているかということを述べるのが本書の目的である。

＊引用文献の発行年はその文献の奥付どおりなので年号あるいは西暦のどちらかに一定していない。

目次

はじめに——葬式と儒教と i

序章　**儒教における死** 1
　一　〈女の姓を返す〉儒教 2
　二　仏教における死 8
　三　中国人の現世観 13
　四　儒教における死 17

第一章　**儒教の宗教性** 23
　一　〈儒教の礼教性〉批判の無力 24
　二　宗教の定義 27
　三　儒教の宗教性 33

第二章　**儒教文化圏** 41
　一　いまなぜ儒教なのか 42
　二　儒教文化圏の意味 48

第三章　儒教の成立 ……… 53

一　原儒――そして原始儒家　54

二　孔子の登場　56

三　孔子の自覚　58

四　孔子の孝と礼制と　66

五　儒教の成立　80

六　詩書礼楽　89

七　学校と官僚層の教養と　96

八　道徳と法と　100

九　反儒教の老荘　112

第四章　経学の時代（上）……… 119

一　国家と共同体と　120

二　原始儒家思想から経学へ　127

三　『孝経』　135

四　春秋学　145

五　礼教性と宗教性との二重構造　152

六　経学と緯学と　161

第五章　経学の時代（下）……………………………177

一　儒教・仏教・道教──三教　178

二　選挙──推挙から科挙へ　188

三　朱子学　192

四　朱子学以後──そしてキリスト教　218

第六章　儒教倫理……………………………227

一　儒教倫理の現代的意味　228

二　儒教における善　230

三　徳論──修養の道　233

四　共同体における規範　239

終　章　儒教と現代と……………………………243

一　現代における儒教　244

二　儒教と脳死・臓器移植と　251

三　儒教と教育と──そして自然科学的思考の基盤 256

四　儒教と政治意識と 263

五　儒教と経済観と 268

六　日本における儒教 271

あとがき 279

附録　『家礼図』略説 292

増補版のための後記 295

序章

儒教における死

方相氏

遺体を葬る前、墓穴で四つ目の恐しいマスクをかぶって悪魔払いをする方相氏（ほうそうし。『三礼図』より）

一 〈女の姓を返す〉儒教

京都は嵯峨野、常寂光寺の境内に「女の碑」という納骨堂が建立されている。施主は、独身女性たち三百余人が中心とのことである。なぜこの碑を建てたかと言うと、死後、実家の墓に入ると、兄弟がすでに先祖以来の墓を継いでいて、どうも入りにくい。そこで死後は自分たちが建てたこの「女の碑」（志縁墓）に入るという。また新聞の投書欄などを見ていると、夫の側の先祖代々の墓に入るのは違和感があるので、夫婦で新しく墓を作りたいと言う人もいる、いや、さらには、死後まで夫や姑とつきあうのはもうたくさんだから、自分一人の墓を作りたいと言う。或いは寺に納骨をしたい、永代供養料を納めて、供養は寺にしてもらうと言う人もいる。

こうした問題から、さらに話が飛躍し、墓は家制度の名残りの大きな影を落しており、これも元をただせば、結婚して改姓したためであり、話は「女の〔元の〕姓を返して」欲しい、というあたりにまで及ぶ。そして、墓問題は、家の旧制度を引きずっている、とさえ批判している。その延長上には、時に儒教批判の意味あいがこもっている。

しかし、この話には多くの混乱がある。それと同時に日本人の死生観の好例ともなっている。まず、混乱しているところを正しておこう。

序章　儒教における死

結婚後の改姓の点である。明治まで日本にはこんな改姓という習慣はなかった。少なくと
も姓を有していた人々の間では。なぜなら、儒教では、その人の持つ姓を最も重んじて同姓
不婚（同じ姓の者とは結婚しない）という理論を立てており、夫婦別姓を守ってきたからであ
る。その儒教に基づいて、現代でも、中国や朝鮮では、結婚後も実家の姓を名乗る。

それでは、どうして日本において結婚すると片一方の姓だけを称するようになったのであ
ろうか。その経緯を、例えば熊谷開作『日本の近代化と「家」制度』（法律文化社・一九八七
年・一九七ページ以下）に拠って述べると次のごとくである。

明治政府は明治三年（一八七〇）に平民に苗字（姓）を使うことを許した。と言うのは、
江戸時代、一般的には武士階級より下の平民には使用が許されていなかったからである。し
かし、姓がなかった長い間の習慣から、なかなか苗字を唱えようとしなかったので、明治八
年、これからは「必ず苗字相ひ唱へ申すべし」とした。そして祖先以来、苗字がはっきりし
ないときは、新しく苗字を付けてよいとした。熊谷は、その強制の理由として、徴兵制の必
要からであろうという説を出している。私は、明治政府がモデルとした欧米先進諸国がファ
ミリーネームを持っているのをまねたと考える。

しかし、この場合の苗字、氏は、夫婦が別姓という原則であった。女性は結婚後も実家の
姓を用いた。ただし、夫の家を相続したときだけは夫の家の姓を称した。財産権の問題があ
ったからである。この立場はずっと続き、明治二十六年になっても、内務省は、女性は結婚

3

後も「生家ノ氏ヲ称スル」（すなわち元の姓を名乗る）ことを指令している。

ところが、明治政府は当時の不平等条約（領事裁判権があるため、不法外国人を逮捕・処罰ができなかったし、関税を課す自主権もなかった）改正のため、欧米列強と同様の国内法整備をする必要があったし、また、欧米列強諸国風の近代化のためにも、近代的な法制度を整備してゆこうと努力していた。その結果、さまざまな論争を経て民法が作られ、明治三十一年に公布され、昭和二十二年の新しい民法制定までそれが行なわれた。その明治民法第七四六条は「戸主及ヒ家族ハ其家ノ氏ヲ称ス」こととした。

すなわち熊谷は、明治初期に姓を持つことになったが、明治二十年代後半までは、女性は生家の姓を用いていた。しかし民法が公布された明治三十一年以後、「夫の姓」ではなくて「夫の家の姓」を用いることになった、と述べている。以上、よく分る説明である。

それでは、明治民法の公布以前、なぜ女性が生家の姓を用いていたのか、姓を持たなかった圧倒的大部分の平民が、姓を持つことになっても、なぜ女性が生家の姓を用いていたのか、ということになる。

民法学者の中川善之助はこう述べている。「婚姻をしても、夫婦夫々の氏に変動は起らないというのが、キリスト教国を除く世界諸民族の慣習法であった。中国然り、韓国然り、アフリカ然り、そして日本また然りであったのである」（熊谷同著一八〇ページ所引）と。

中国・韓国（朝鮮）、そして明治三十一年以前の日本——これらの国々では、結婚後も妻

4

序章　儒教における死

は生家の姓を名乗っていた。その根本理由は、儒教における「同姓不婚」の原則によるものである。

「同姓不婚」とは、文字どおり同じ姓の者は結婚しない、ということであり、もとは中国古代の慣習であった。儒教はそれを取り入れ、家族のありかたの重要な原則とし、中国はもちろんのこと、政治上、儒教を重んずる朝鮮、日本へと普及していったのである。

同姓不婚の理由はいろいろある。通俗的には、財産の所属問題や近親結婚を避ける優生学的問題などがあることは言うまでもない。いずれにしても、同姓不婚は儒教国における鉄則であったし、いまも、例えば大韓民国では厳密に守られている。ただし、同姓でも相当の勇気を要するとのことである。中国人も同様である。

その点、一般大衆が姓を持つ歴史が浅かった日本では、同姓不婚が徹底しなかった。もっとも夫・妻、それぞれの家紋を違えていたことは、その現われであったが、今や家紋も形骸化してしまっている。

一般に、日本人には姓を軽く考える傾向がある。例えば、欧米人は姓（family name）を名（given name）の後に置く。明治以来、日本人は軽薄にもそれをまねた。だから、私の姓名、加地伸行をローマ字で書くとき **Nobuyuki Kaji** と書け、と小学校で習わされた。しかし、儒教的伝統を守る中国人は、姓と名前とをひっくりかえすなどという軽薄なことはしなかった。

5

中国人は、はじめに姓、そして名を言う順序を変えず、そのままにしてローマ字表記している。もっとも、海外に行くと、その土地風に例えばチャーリー・ワン（王）などと名乗っている。チャーリーは自分で勝手に選んだ愛称みたいなものだが。

また、日本は朝鮮を併合したのち、明治四十三年の日韓併合までわずか十二年であり、姓の持つ意味の重さを、日本人はよく分っていなかったのかもしれない。

明治三十一年の民法公布から朝鮮人が姓を日本風に改めること（創氏改名）も可とした。

「女の（元の）姓を返す」こと、儒教がそれを支持することは言うまでもない。しかし、改姓問題は、明治における近代的法制度の整備との連関から検討すべきであって、儒教とはなんの関係もない。と言うよりも、結婚後、姓を改めるのは反儒教的である。

因みに、儒教を批判していた福沢諭吉は別案を出している。すなわち、男女は平等であるから、結婚後、どちらかの姓を名乗るのではなくて、おたがいの姓から一字ずつ取って中間的な新しい姓を作ればよい、と（明治十八年「日本婦人論前編」・時事新報社刊『福沢全集』第五巻三一一ページ・明治三十一年）。例えば、私の姓は「加地」で、妻の旧姓は「池田」であるから、おたがいの姓から一字取って「加田」或いは「池地」とするという具合である。

しかし、例えば「田中」姓と「中田」姓とが結婚すると、おたがい姓の交換に終ってしまったり、「田田」となったり、「中中」である。

さて、話をもどすと、「女の碑」建立の趣旨のもう一つの混乱は、霊魂とお骨（肉体）と

6

序　章　儒教における死

の関係の理解のしかたにある。

　どうやら霊魂とお骨とを同一視しているようである。そして、お骨に対して供養すると、お骨即霊魂として供養されると考えているのであろう。しかし、仏教では、そんなことはありえない。仏教では、死後、霊魂は成仏するか、転生する（再度、生れ変る）かどちらかである。成仏しておれば、下界の者が供養する必要はない。仏として祟められるだけのことである。もし転生しておれば、その霊魂はどこかに生れ変っているのであって、霊魂は呼べども叫べどももはや存在していない。とすると、残っているのは、お骨すなわち肉体を焼いた残骸だけであり、仏教的に言えば、それは単なる物にすぎない。単なる物を祟めることは、仏教的にいったいどういう意味があるのか。無意味である。

　にもかかわらず、われわれ日本人は依然としてお骨を単なる物として考えることができない。例えば、飛行機や船などの事故死者の遺体は、たとい白骨となっていても探し求めようとする。あくまでも霊魂とお骨との同一化の意識がある。とすれば、その感覚とはいったい何なのであろうか。

　霊の存在を信じ、それをお骨と同一化すること、この感覚を、日本人独自の祖霊観、祖霊意識であると答えることはたやすい。しかし、この感覚は、けっして日本人固有のものではない。世界中において昔から今に至るまで見られるものであり、すこしも珍しくない。もちろん、中国にもあったし、今もある。ところが、この感覚を掬いあげ、みごとに理論化し、

7

さらに体系化したのが、実は儒教なのである。おそらく、それは世界で唯一の理論体系であろう。

日本人の祖霊感覚は実は仏教よりも儒教に、より近いのである。もっとも大半の日本人は、祖霊問題を仏教と結びつけていることであろうから、私が、儒教により近いと言うと、おそらく、すぐには納得しないことであろう。そこで、儒教との連関を述べる前に、仏教における死という問題について、あらかじめ記しておくことにしたい。

二　仏教における死

仏教は、この世を苦しみの世界とする。この〈苦〉の概念とは、〈無常〉ということである。無常——すなわちこの世に永遠に常なるものはないという厳しい思想である。これが大前提である。生きていること自体を無常のものとし苦しみとする。しかもこの世には、愛憎があり、得ようとして得られないことが多く、凡人は、その苦しみの中でもがきながら生きている。やがて苦しみが増える。どんなに健康な身体でも必ず変化して病気となる。病気をしない人間はいない。たとい生は苦しいとはいえ、その生に執着する凡人は、生を脅かす病の苦しみで右往左往する。そのような生活の中で、さらに苦しみが増える。老いである。若さを失なってゆく変化の結果としての老いの苦しみは、やがて来たる最大の苦しみの予告で

序　章　儒教における死

ある。すなわち、最大の苦しみである死がやがて訪れる。

死ぬときの苦しみは、生きている長さに比例するという。蜉蝣は、朝に生まれて、暮れに死ぬという、儚い生命ではあるが、短いだけにその死もあっけない。死の苦しみは一瞬であり、一瞬ということは、苦しみが少ないことを意味する。

それに比べて、平均寿命の長くなった現代日本人はどうか。すぐれた医療設備、優秀な医師・看護師によって、ずいぶんと生き延びることができるようになった。その感謝を捧げることはもちろんのことであるが、逆に言えば、死のうにもなかなか死なせてくれない。長命の者は死を迎える最後の病において、死ぬまでの時間が長く、したがって苦しみの時間が長いということになる。老いてのちの死は苦しくつらい。私は学生に言っている。「諸君は若い。死ぬなら今や」と。

ともあれ、人には必ず死が来て、生涯が終る。生・老・病・死――無常のこの四苦は人間の宿命であり、死はだれにでも確実に訪れてくるものであり、これ以上の平等はない。

さて、肉体の死とともに、霊魂は浮遊する。肉体は抜殻であるから、荼毘に付す（火葬する）。仏教本来の立場に立てば、お骨に意味などはなく、山にでも川にでも捨てるべきである。その意味では、墓など建てず散骨するのは仏教的である。

一方、成仏しないかぎり、霊魂は、肉体の死とともに、中陰（或いは「中有」とも）という時間に入る。その長さは四十九日間である。その間に次に生れ変る場所が定まる。そこで、

9

すこしでも良いところに生れ変ることができるよう、僧を通じて供養する。それは初七日に始まり七日ごとに行なわれ、やがて四十九日目の当日、その人の生前の行為の善し悪し、すなわち因果応報によって生れ変る先が決る。ここで中陰にいる時間が終る。それは「中陰を満たした」ことであるから、「満中陰」（中陰を満たす）となる。満中陰を過ぎてから、その故人の葬儀参列者に御挨拶をするのは、無事、中陰を終えたという意味である。

さて、仏（解脱者）と成ることのできないほとんどの人間は、永遠に転生の旅を続けるほかない。では、どこへ生れ変るのか。これにはランクが六つある。最高界は天上界で、神（仏のガードマン）に生れる。その次は人間界であって、人間として生れ変る。というふうになり、六番目の最下界は地獄である。その他に例えば四番目は畜生界であり、そこは人間以外のすべての動物の世界である。

なにしろ生は苦しみなのであるから、この生れ変るということは、実は再び苦しみが始ることなのである。

転じ生れて、そこにおいて生・老・病・死の苦しみを再びくりかえすということである。このように霊魂が転じ生れる。つまり、転生するわけである。

こうして、また苦しみが始まる。生き、病み、老い、そして死を迎え、再び中陰に入り、中陰を終えて、その次にまた生れ変り、生・老・病・死の苦しみが始まる。このように、くりかえしぐるぐると、何度も何度も循環するわけであるから、ちょうど車の輪が廻るような感じである。

そこで、このような苦しみの循環を「輪廻転生」（輪の廻るごと生を転ず・輪の

序　章　儒教における死

廻るがごとく生を転ず）と言う。

しかし、永遠に輪廻転生していたのでは救いがない。そこで、この束縛から、なんとか解き放され、苦しみの世界から脱したいという願いになる。解き脱す、すなわち解脱である。解脱するとは、覚りを得て仏と成れることである。解脱し仏と成れば、ついに苦しみから逃れられる。その成功者が、例えばシャカである。シャカも解脱の前は長く輪廻転生して苦しみ続けていたのである。

以上が、インドにおいて生れた仏教における死の基本的意味である。浄土への往生（浄土へ往って生きる）という日本仏教の考えは、さしあたり論じないでおく。

結局のところ、解脱して成仏するのか、それとも解脱できず輪廻転生して苦しみ続けるのか、そのどちらかということになる。すると、成仏の場合は別として、輪廻転生するとすれば、理論的に言えば、自分が知っている亡き人の霊魂は天界から地獄までの六つの世界のどこかに生れ変っているわけであるから、中陰の時期を除いて、霊魂はどこにも存在しないことになる。私の先祖は、仏教の理論に従えば、もし成仏していないときは、アメリカ人になっているかもしれないし、隣りの犬になっているかもしれないのである。もし豚にでもなっているとすれば、とてもトンカツなど食べるわけにはいかない。殺生をしないというのは論理的によく分る。

それでは、先祖供養とはいったい何を意味するのであろうか。私のもろもろの先祖たちは、

11

成仏したか、或いはどこかの世界に生れ変って生きていて苦しんでいるかのどちらかである〔たまたま中陰にいるものがあるかもしれないが〕。つまり、仏教的には加地家の祖先の霊自身はどこにも存在しないのである。

仏教はみごとなことばを述べている。「形アル者ハ、必ズ滅ス」と。霊魂は別離し、肉体は焚焼して捨てられ土に帰るだけである。これが仏教の厳しさというものであろう。

にもかかわらず、今日、仏教本来のものと異なったことを説く寺院が多い。例えば、私の手もとに、某寺院のパンフレットがある。墓地を売り出しており、それは「耐震・耐火構造」であり、少々のことでは壊れないと言う。そして永遠に「無縁墓とならない優れた管理」をし「時代のニーズに応える」とある。また別の某寺院のパンフレットには、「先祖より伝わる病死霊」の因縁を払い落し、病痛を治すという。これでは、本来の仏教がなにも分っていないということになる。また、信者は信者でいいかげんな仏教理解であり、墓を作るには金銭がかかりすぎるので、永代供養塔を公営で作れと言う人さえいる。墓は仏教とは関係がないはずなのに。

また、迷える霊に対して除霊するとか、浄霊するとかと、仏教系新興宗教は必ず霊魂の怨みを説く。そのようなことは、仏教とは本来無関係であるのに、祖先の霊や水子の霊が迷い怨んで背後霊として取りついている、などと説かれると、日本人の多くはすなおにそれを受け入れてしまいがちである。さらには、犬や猫などペットの葬儀を行なったり、動物霊園を

12

作っては法要を行なうに至っている。

く理解する以外にない。

それでは、儒教における死とはいったいどのようなものであるのか。

三　中国人の現世観

風土的に言って、南アジアのインドは酷烈な環境である。「生きていること自体が苦しみである」ということばには実感がある。仏教のみならず、インド諸宗教が、共通してこの世の苦しみ（無常）から救済を、解脱を求めたのは当然であろう。

風土の酷烈さと言えば、インドよりも、砂漠の中近東一帯（西アジア）はいっそう激しい。とすれば救世主を求め、天国を夢想し、生きてゆくためにあれこれと選択する余地なく、唯一神を信ぜざるをえない感覚も分る気がする。ユダヤ教、キリスト教、イスラム教などがその風土の酷烈さからくることは、なぜか。その秘密を解くには、儒教における死を正しく理解する以外にない。

さて、東北アジアである。中国、朝鮮、日本——これらの国は、西アジアの中近東や南アジアのインドよりもはるかに住みやすい上に、多神教の国々である。その代表である中国の人々は、インド流の、この世は苦しみの世界であるなどということは絶対に考えなかった。ましてキリスト教のような、人間は原罪を持つなどという考えかたは、まったくなかったの

である。それどころか、中国人は、この世を楽しいところと考えたのである。ここが、インド人や、中近東の砂漠の人々と決定的に異なるところである。河田悌一に依れば梁漱溟（一八九八年没）は、はじめ仏教を研究し、後に儒教を研究したが、「楽しい、楽しい」ということばに溢れているのに驚いたと言う（岩波書店『現代中国』第四巻・一九八九年）。確かに『論語』は「苦」でなく「楽」の世界である。冒頭からして「亦た楽しからずや」ということばである。

中国人は、五官（五感）の快楽を正しいと認めるのである。美しいものを見ること、心地よい音を聴くこと、快いにおいをかぐこと、美味しいものを食べること、気持よいものに触れること、眼（視覚）、耳（聴覚）、鼻（嗅覚）、味覚、触覚――五官（五感）の快楽、それは生きている人間の喜びであるとするのである。ほとんどの朝鮮人・日本人も同じ感覚であるだろう。

仏教ではどうか。そのような五官（五感）の快楽を否定する。それは煩悩であるとして。

しかし、東北アジアの人々は、インド人とは正反対に、その煩悩と称せられる五感の快楽の存在を肯定するのである。本質的に、東北アジアの人々はインド人的立場と相い容れないものを持っているのである。

では、東北アジア人の代表である中国人が、なぜ五官（五感）の快楽をすなおに認めるのであるのか。

序章　儒教における死

その解答は、すでに拙著『中国論理学史研究——経学の基礎的探究』（研文出版・一九八三年）において述べたし、『中国人の論理学』（中公新書・一九七七年。二〇一二年に改訂版）においても触れている。その要点を述べれば、こういうことである。

中国人の思考は、漢字ならびに漢字を使った文章によってなされる。その表意とは、物の写しのことである。とりわけ漢字が重要である。この漢字は本質的には表意文字である。その表意とは、物の写しのことである。物の写しであるから、まず先に物があり、それに似せた絵画的表現として漢字の字形が生れる。

とすると、なによりもさきに、物体（自然的存在）があるということになり、物の世界が優先する。「はじめにことば（神）ありき」ではなくて、「はじめに物ありき」なのである。だから、形而上的世界よりも形而下的世界に中国人の関心がまず向うようになる。こういう思考構造であるから、中国人はものごとに即して、事実を追って考えるという現実的発想になったのである。現実とは何か。それは物に囲まれた具体的な感覚の世界である。このため、感覚の世界こそ中国人にとって最も関心のある世界とならざるをえなかったのである。中国人が現実的であり、即物的である、ということの根本的理由はここにある。中国人は、現実に密着する五官（五感）の世界をこそ最優先するのである。

五官（五感）の世界、これはこの世のものである。美人を見たい、いい音楽を聴きたい、よい香りをかぎたい、おいしいものを食べたい、気持のよいものにさわりたい——この現世の快楽を措いて、他になにがあろう。これが中国人の現世観なのである。

15

とすれば、中国人は、快楽に満ちたこの現世に、たとい一分でも一秒でも長く生きていたいと願わざるをえないではないか。来世とか、天国とか、地獄とか、そのような現実感のないフワフワとしたものは、中国人にとって信じがたい虚構の世界であった。

しかし、いくら現世の快楽を尽そうとしても、いずれ必ず死が訪れる。現世をこそ最高とする中国人にとって、これはたいへん辛いことである。インド人やキリスト教徒のように来世や天国を信ずることのできる者にとっては、この世は仮の世にすぎないから、死もまたその過程の一つにすぎない。神仏のおぼしめしと思えば、死の不安も恐怖もない。しかし、現実のこの世しか世界はないと考える中国人にとって、死はたいへんな恐怖である。とすれば、その死を恐くないものとしてなんとか納得できるようにだれかに説明してほしい、と中国人が願うのは当然である。その要求に応えて、中国人に納得できる説明を行なって成功したのが儒教なのである。

のちに道教が登場し、別の角度からやはり死の説明を行ない成功する。それがどのような形であったか、また前述のような、仏教が死の説明を行なうに対して中国人がどのように受けとめていったか、ということについては、後述する〈本書一八〇ページ以下〉。いまここでは、われわれの最大の問題である〈儒教における死〉について述べてゆくことにしよう。

16

四　儒教における死

中国人は現実的・即物的である。この世に徹底的に執着する。特に金銭への執着はものすごい。こうした感覚の中国人といえども、彼らに死が必ず訪れる。当然、現実的・即物的人間として納得のゆく死の説明を求めることとなる。その説明は可能か。

可能である。いや、可能な説明をしようと努力した集団があった。それが〈儒〉である。

彼らは後に儒家という思想集団になったが、この儒は死をどのように説明したか。

まず結論から先に入ることにする。中国人は、この現世に一秒でも長く生きていたいという現実的願望を持っているから、やむをえぬ死後、なんとかしてこの世に帰ってくることができることを最大願望とせざるをえない。そこで、死後、再び現世に帰ってくることができるという方向で考える。生と死との境界を交通できると考えるわけである。こうした考えは、けっして中国人固有のものではない。古今東西のどこにおいても見られる、人間の切ない願望である。中国人もまたその一民族であるにすぎない。

しかし、現実には、死後、肉体は腐敗して骸骨となるだけである。そこで〈儒〉はこう考えた。人間を精神と肉体とに分け、精神の主宰者（魂と言う）と、肉体の主宰者（魄と言う）とがあり、この魂・魄が一致し融合しているときを生きている状態とする。逆に言えば、魂

と魄とが分離するときが死の状態であるということになる。

すなわち、肉体の呼吸停止が始まると（脳死ではなくて、心臓死を意味する）混合一致して

いた魂と魄とが分離し、魂は天上に、魄は地下へと行く。これが死である。

すると理論的に言えば、逆に、分離していた魂と魄とをこの世に呼びもどし、融合一致さ

せると〈生の状態〉に成るということになる。ただし、どこに呼びもどすか、という点が問

題である。

最もふさわしいのは、死者の肉体であるが、時が経っており、ただ白骨が残るのみである。

そこで、白骨化した骸骨の内、頭骸骨が特殊な意味を持つと考え廟（みたまや）に、この頭

骸骨を残しておく。残りの骨は、後に埋葬するようになり、それが発展して墓となってゆく。

だから、一般にお骨を大切にするのは当然である。そして命日の日にその残しておいた頭骸

骨を取り出してきて、生きた人間（祖父に対しては孫である場合が多い）の頭に頭骸骨をかぶせ、

死者になぞらえ（尸・形代と言う）、そこに魂・魄を憑りつかせる。匂いのよい香を焚いて

天上の魂を招き、香り高い酒を地上に注いで地下の魄を呼ぶ。こうして帰り来る場所として

の尸（依代）に魂・魄を招くわけである。いわゆる招魂復魄儀礼である。おそらく奇怪な音

楽を演奏し、人々が狂乱状態で踊り狂ったことであろう。異様な雰囲気である。この儀式に

よって、死者はなつかしい現世に帰ってくることができると考えた。おどろおどろしい呪術

的観念のなかの再生理論であるが、死者は再生できるというこの理論によって、死の恐怖や

18

序　章　儒教における死

不安を解決しようとしたのである。こうした儀礼を続けるうちに、尸がかぶる頭骸骨がマスク（魌頭）に代り、さらに尸全体が木の板に代り、その板上に文字で姓名をはじめとして死者のことを表現することとなる。この木の板を神主あるいは木主と言い、中国人はこれを死者になぞらえて祭る。因みに、この神主が仏教に取り入れられて位牌となってゆく。また、香を焚いて魂を呼ぶ儀式も仏教に取り入れられて焼香となる。魄（遺骨）は無視するが。

招魂再生の儀礼——これは古今東西にある、ごく平均的な死生観で、まず霊の存在を認め、その霊を招き呼んで、現世に再生させる。そうした仕事をする宗教者がいわゆるシャマンである。儒とは、もともとこうしたシャマンであった。

しかし、ここから先に儒の独自性がある。〈招魂儀礼とシャマンと〉と言うだけでは、これという特色のない、世界の至るところによくある原始宗教、原始信仰にすぎない。世界のほとんどの招魂再生儀礼・シャマンはそういったものなのである。

ところが、儒は、そうした水準にとどまらなかったのである。いや、とどまらないというだけではなくて、世界共通のこの招魂儀礼を基礎にして、一大理論体系を作っていったのである。ここが、儒教と他の招魂儀礼宗教との決定的に異なる点である。では、どのような理論であるのか。

招魂儀礼とは、祖先崇拝そして祖霊信仰を根核とする。当然、祖先を祭祀する。では、この祭祀の主催者はだれかと言うと、子孫である現在の当主である。しかしこの当主もいずれ

19

は死んで祖霊となる。とすれば、祖先の祭祀を続けてくれる一族が必要となる。すなわち子孫を生み続けることが必要となる。

これを肉親の関係で言えば、

祖先……祖父母――父母――自己――子――孫……（一族）

ということになる。

（三）子孫・一族との関係（未来）、を表わしている。そこで、儒は、この関係をばらばらのものとしないで、一つのものとして統合する。すなわち、（一）祖先との関係（過去）、（二）父母との関係（現在）、

（二）父母への敬愛、（三）子孫を生むこと、それら三行為をひっくるめて〈孝〉としたのである。

ふつう、孝と言えば、（二）の「父母への敬愛」だけのように考えやすいが、それは誤りである。（一）の「祖先の祭祀」、（三）の「子孫を生むこと」（自分に子や孫がいなくとも、自分の甥や姪といった血縁者がおれば、それで十分である。大切なことは、血のつながる一族の存在）、この二者もまた孝としたのである。儒の言う孝とは、そういう内容である。しかし、日本人の多くは、この三者をひっくるめたものが孝であることを知らない。

＊例えば、孝の再評価という努力を試みた『親孝行再考』（松永伍一他著・明治図書・一九八〇年）の執筆者十五人のほとんどが「孝とは父母との関わり」のみと考えている。白川静子に至っては「私は親孝行というような概念は、はっきりと捨て去るべきだと思う」（一五五ページ）

20

序章　儒教における死

とさえ言い切っている。

　孝を行なうことによって、子孫を生み、祖先・祖霊を再生せしめ、自己もまたいつの日か死を迎えるのではあるけれども、子孫・一族の祭祀によってこの世に再生することが可能となる。儒は、「「我が」身は父母の遺体」（『礼記』祭義篇）とまで述べている。キリスト教のような「子は神の賜物である」などという考えはまったくない。

　その結果、ここに一つの転換が起る。自己の生命とは、実は父の生命であり、祖父の生命であり、さらに、実は遠くの祖先の生命ということになり、家系をずっと遡ることができることになる。すると、いまここに自己があるということは、実は、百年前、確かに自分は生きていたことでもある。いや、百年はおろか、千年前、一万年前、十万年前にも、延いては生命のもとであったところにまで遡って自己は確かに存在していたことになるのだ。それは、〈血脈〉或いは〈血の鎖〉と言っていい。それと対照的に、一方では子孫・一族があり、百年先、千年先、一万年先と、もし子孫・一族が続けば、自己の肉体は個体としては死ぬとしても、肉体の死後も子孫の生命との連続において生き続けることができることになる。

　つまり、孝の行ないを通じて、自己の生命が永遠であることの可能性に触れうるのである。すなわち、〈生命の連続〉があり、自己の肉体が継承されていっていると考えれば、死の恐怖も不安も解消できるではないか。

21

永遠の生命――これこそ現世の快楽を肯定する現実的感覚の中国人が最も望むものであった。これは漢民族に対する死の説明として最もよく整ったものとなっているのである。そして、この死の理論は、逆に言えば、永遠の生命を認めようとする生命論となっているのである。こうした生命論から言えば、親をバットで殺したり、妊娠中絶で子を殺したりすることは、実は、自己の生命を絶っている

哲学性	形而上学 宇宙論
礼教性	家族論を基礎とする政治論
	孝を基礎とする家族論
宗教性	生命論としての孝 （死や死後の説明）
	死の恐怖・不安
	現世を快楽とする感覚

図0‐1　儒教の構造

ことなのである。

生命論――これが孝の本質である。儒は、招魂儀礼という古今東西に存在する呪術を生命論に構成し、死の恐怖や不安を解消する説明を行なうことに成功した。この生命論としての「死の説明」を受け入れた者こそ、一般の中国人（漢民族）であったのである。

そこで、あらかじめスケッチしておくと、この生命論としての孝を基礎として、後の儒教はその上に家族倫理（家族理論）を作り、さらにその上に、社会倫理（政治理論）を作ったのである。後世になり十二世紀の新儒教になると、さらにその上に宇宙論・形而上学まで作るようになった。図示すれば、図0‐1のとおりである。

第一章　儒教の宗教性

三皇（さんこう）という古代伝説上の王たちの想像図（『三才図会』より）

一 〈儒教の礼教性〉批判の無力

儒教は死と深く結びついた宗教である、と私がこう述べるとき、ただちに日本はおろか世界中から（特に中国から）多くの反論が湧きあがってくることであろう。儒教は合理的・現実的であって、死などは語らないとか、儒教の祖先崇拝のようなそんなものは習俗にすぎず、宗教ではない、といったふうにである。ともかく儒教を宗教として認めないというのが通説と言っていいくらいである。

> ＊もっとも王治心『支那宗教思想史』（富田鎮彦訳・稲津紀三修補・大東出版社・昭和十五年・原著名『中国宗教思想史大綱』・民国二十年）のみが儒教の宗教性をみごとに解釈している。その他、加藤常賢・白川静・島邦男ら日本人のすぐれた研究がある。

こうした通俗的反論を私は聞き厭いた。それらを突きつめると二つの問題となる。一つは、儒教と死との関係は何かということ、いま一つはそれでは宗教とは何かという、宗教の定義の問題である。

この二つの問題に対して答える前に、儒教の宗教性ということが分らず、儒教は礼教性（社会規範、延いては倫理道徳）のみと思いこみ、それを批判した人々の失敗について述べて

24

第一章　儒教の宗教性

おきたい。その好例は、例えば魯迅を代表とする中国近代の知識人たちの儒教批判である。辛亥革命に由り、二千年以上続いた皇帝制を倒して作った共和制国家、中華民国の成立（一九一二年）の前後、彼らは儒教を徹底攻撃した。人が「人を食う」家族制度を支える理論としての儒教、皇帝制時代の理論としての儒教を中国の近代化を妨害するものとして否定したのである。

しかし、魯迅らのそうした極端な批判を読むにつけ、私は彼らの儒教分析が一面的であると思わざるをえない。と言うのは、中国の前三世紀の漢王朝以来、二千年以上にわたる長い歴史において、なぜ儒教が中国において最高指導原理として継続し得てきたのかということに対する分析が十分でないからである。

魯迅ら中国近代派知識人が攻撃しているのは、実は儒教の礼教性（社会規範、延いては倫理道徳）の面である。しかし、果してこうした礼教性だけで二千年以上も儒教が中国史上に君臨することができたのであろうか。

礼教性は、結局は、制度化された、上から与えられたものである。そういう押しつけだけで人々が儒教を二千年以上も支持し続けてきたのであろうか。上からだけではなくて、実は下からの大衆の支持があったがゆえに、儒教が長く最高指導原理となり得たと考えるほうが自然である。

例えば、キリスト教の場合、これは上からの押しつけだけではない。下からの支持があれ

25

ばこそ欧米において長くその地位を保ち続け得たのである。上からとは、もちろん制度や規範である。キリスト教社会における教団・教会の諸制度は、例えばカトリックでは、ローマ法皇を頂点に礼教性として存在していた。しかし一方、人々による敬虔な信仰がそれを下から支持していたことは言うまでもない。すなわち、宗教性による支持である。

上からの礼教性と下から支持する宗教性と、この両者があればこそ、キリスト教の長い生命があるのである。同じ事情が中国においても言えるであろう。キリスト教の場合と同じく、儒教においても、礼教性と宗教性との両者がある。

にもかかわらず、魯迅を始め中国近代の知識人は、まさに儒教における礼教性のみを見て、それを攻撃している。しかし、もう一方の宗教性をほとんどまったく見ていないのである。いや、分っていないから見えていないのである。これでは、いくら礼教性を攻撃しても、儒教はびくともしない。

現在、儒教では、社会構造の変化とともに礼教性の力が確かに衰えてしまっている。しかし、宗教性の方は依然として健在なのである。儒教が今日においてもしたたかに生き残っているのは、実はこの宗教性の健在によるものである。

ふつう儒教のイメージは四角四面の倫理道徳として捉えられているが、実はそのイメージとは礼教性（規範）としての儒教にすぎない。そこでは儒教の宗教性ということがまったく欠落している。私が四角四面としての儒教という理解のしかたのみを誤りとするのはこのた

26

第一章　儒教の宗教性

めである。

それでは、儒教の宗教性と言うときの、その宗教とはどういう意味かということが問題になる。

二　宗教の定義

宗教とは何か——この概念は人によってさまざまである。しかし、宗教についてめいめいが自分の定義によって論じていたのでは、いつまでたっても話が食いちがってしまう。そこで、宗教の定義をはじめに下しておき、そういう意味での宗教性として話を進めてゆきたいと思う。

さて、宗教の定義であるが、ここに一冊の興味深い本がある。『宗教の定義をめぐる諸問題』（文部省旧制の調査局宗務課編刊・一九六一年）という本である。執筆者は、岸本英夫ら東京大学の四人の宗教学者であるが、第二部「宗教の定義集」には「内外学者、諸権威による定義を、できるかぎり集めて、参考のために紹介する」ことにしたとして、一〇四の定義が並べられている。

岸本英夫は、別の著作『宗教学』（大明堂・一九六一年）第二章において、「宗教をどう定義するか」として、その手続きを論じているが、両著を並行して読むと、これら宗教学者た

27

ちの定義のしかたをほぼ理解できる。

もっとも、それら定義はあまりにも多様であり、とまどいはするが、共通するものがある。すなわち、なにか或る神聖な絶対者を想定し、それに対して畏敬感をもって絶対帰依するという型が大半である。

だが私は、こういう定義のしかたに非常な疑問を覚える。と言うのは、これを要するに、唯一絶対神を信仰するという立場（キリスト教やイスラム教など）からする定義だからである。われわれ東北アジアの人間は、一神教ではなくて多神教のしかもアニミズム（精霊崇拝）の世界の中で生きている。特に日本人は、それこそ八百万（やおよろず）の神々を立てているから、キリスト教風に神とは唯一絶対神しか存在しないなどと言われても、感覚的にピンとこない。

例えば、キルケゴールという十九世紀の哲学者がいる。彼は神を信じるのか信じないのか、〈あれかこれか〉と非常に悩んだ。私は、学生時代、キルケゴールの著作をわずかながら読んだが、この人がなぜこんなに悩むのか、正直のところ不思議であった。神を信じるのか信じないのか、という二者択一の場合、一神教であるキリスト教の信徒にとっては、唯一の神を捨てると、そのとたんに無宗教となってしまうという大問題かもしれないが、われわれ東北アジア人一般にとっては、大した問題ではない。なぜなら、神は唯一ではなくて、八百万（やお）ますからである。東京がだめなら大阪があるさ、そういう調子の転換がきくのである。八幡（はちまん）さんがだめならお稲荷（いなり）さんがあるさ、お稲荷さんがだめなら、権現（ごんげん）さんがあるさ、とい

28

第一章　儒教の宗教性

うふうに、効く神様をほとんど無限に求めることができる。事実、正月の恵方詣り（その年に御利益のある方向の神社を正月に参詣する風習）などは、その最たるものである。キリスト教徒のように、神が唯一であるとすると、ただちに無神論者になってしまうので、あれかこれかと深刻になるが、東北アジア人は多神感覚だから神のスペアがあり気楽なものである。〈あれかこれか〉ではなくて、〈あれでもいい、これでもいい〉と自由な選択がきくわけである。

　とこう述べると、キリスト教徒は、だから多神教者は不謹慎であり彼らのは宗教ではない、たとい宗教だと言っても低い水準のものだ、と言うことであろう。

　しかしそれは、独断であり傲岸というものである。キリスト教は、世界宗教と称して、すべての人にとって真理であり、世界人類の神であると言う。だが、もし世界宗教の意味を徹底するとすれば、キリスト教の他、同じく唯一神を唱えるイスラム教もまたそれを主張するであろう。とすれば、譲りあうなどということはありえないから、最後は、互いに力でねじふせる以外にない。ヨーロッパ中世の宗教戦争は現実に起ったのであり、けっして伝説ではない。二十一世紀の今日においても、キリスト教・イスラム教・ユダヤ教の一神教群は互いに血を流して争っている。

　もっとも、キリスト教徒の中には、自分たち一神教の傲慢さを反省する人もいる。例えば、現代の宗教哲学者、J・ヒックに『神は多くの名前をもつ』（間瀬啓允訳・岩波書店・一九八

29

六年）という著述がある。現代のイギリス社会では、世界各地からいろいろな民族すなわち
いろいろな宗教徒が集まってきている現状を踏み、ヒックはキリスト教のみが中心ではあり
えないとして、他の宗教との調和を図ろうとする立場でキリスト教神学を考えている。

ヒックは、キリスト教や、ユダヤ教、イスラム教、シク教、ヒンズー教といった諸宗教で
礼拝されている神々を突きつめ、究極的には互いに同一の神的実在であることを認めようと
している。

その、調和、適正な関わりの方法というものを見ると、なんのことはない、多神教的世界
にいる東北アジア人がすでにとっくの昔に考え出した方法と、思考類型的にはほとんど同じ
である。すなわち、ヒックの説は本地垂跡といった考えに近い。本地垂跡とは、或る最高
神が姿をいろいろと変えてこの世に現われてくるとする立場である。

すなわち、多神を統合するため、東北アジア人はこう考えた。或る最高の神的実在がある
とする。例えば真言宗では、それを大日如来（法身）とする。しかし、そのような最高実在
はそう簡単にお姿をこの世に現わしてくださらない。そこで、時機──その折り折りに合わ
せて、いろいろな姿を取って現われなさる。或るときはお不動
さんであり、はたまた或るときは八幡さまであり、お稲荷さんであるとする。或るときはお不動
（本地）が跡を垂せる（垂跡）わけである。権に現われる（権現）わけである。だから、どの
神、どの仏を拝んでも、心配することなく、結局は最高の神的実在につながるとする。

30

第一章　儒教の宗教性

こうして、東北アジア人は最高神（最高実在）といったものを八百万の神や仏に解体して、逆に、そのことによってすべての神仏を統合している。もっとも最高神のことはあまり念頭になく、あいかわらず多神教的感覚で眼前に据え奉った八百万の神や仏を拝んでいるのである。あえて言えば、最高実在など関心の外であり、どうでもいいという統合のしかたなのである。

ヒックは、諸神諸仏（キリストの神も含めて）を通じて、或る最高実在に向おうとする。それはやはり一神教の感覚である。東北アジア人は、逆に最高実在を多神（諸神諸仏）に解体し、そのそれぞれを吸収し、諸神諸仏を作ることへと向うのである。

もっとも、キリスト教界では、ヒックのようなキリスト教徒は、やはりまだ少数派であろう。多くのキリスト教徒は、昔も今も依然としてキリスト教中心の独断的優越さを誇っている。まして儒教に対しては、偏見がある。

例えば、近代日本の思想家、内村鑑三の名著と言われる『余は如何にして基督信徒となりし乎』（鈴木俊郎訳・岩波書店・一九三八年）という本がある。これは、内村がキリスト教徒になってから著わした回想録である。キリスト教に接するまでの少年時代のことを記した第一章は、「異教」と題されている。すなわち、回想のころ、彼はすでにキリスト教徒となっていたのであるから、他の宗教はすべて異教ということになり、少年期の環境を「異教」と題していて不思議ではない。

それでは、何が異教であるかと言えば、それは儒教であり神道である。奇妙なことに仏教

31

については触れていない。しかし、そこに示されている儒教観とは、倫理道徳（ただし内村は性道徳を省く）としての儒教であって、宗教性としての儒教はまったく意識されていないのである。すなわち礼教性としての儒教でしかない。内村の宗教の概念がキリスト教としてのそれであるから当然であるが。

さて、話を「宗教の定義」にもどす。われわれは、キリスト教を念頭に置く宗教学の呪縛から解き放たるべきであろう。なにもキリスト教が唯一の絶対的宗教ではないからである。

もちろん、こう述べてもさらに別の側の抵抗がある。それは、国立大学・研究所を中心とするいわゆるアカデミズムの学者先生の研究所における宗教学界は、明治以来、なんと言っても欧ズム、すなわち日本の国立大学・研究所における宗教学界は、明治以来、なんと言っても欧米の学問を基礎としている。いや、実体は、ほとんどがその物まねや受け売りである。それに、その欧米の宗教学とは、大きくはキリスト教を背景としているから、キリスト教の影響を脱しきることができない。その結果、依然として、高級な宗教（キリスト教など）と低級な宗教（現世利益を唱えたり霊と交流したりする淫祠邪教）とに分けるのである。

しかし、そのような欧米宗教学のお仕着せでは、とうてい儒教の宗教性を分析することはできない。私は私なりに宗教の定義を下して、それによって儒教の宗教性を見たい。

三　儒教の宗教性

宗教哲学者の西谷啓治は、「宗教とは何かといふことは、裏から見れば宗教といふものが我々にとつて何のためにあるか、我々になぜ必要かといふことである」と述べる（『宗教とは何か』・創文社・昭和三六年）。

西谷は、宗教はその人にとって必要ということがあってはじめて、その姿が現われるものだと考えている。私はこうした解釈に同意する。宗教とはそのように「自分にとって」というう実存的なものであろう。必要としない人には宗教は無縁。まさに「馬の耳に念仏」である。

それでは、いつどういうときに宗教を意識し、求め、必要とするのかということになる。

もちろん各人各様であろう。しかし、大半の人において宗教が意識に上ってくる大きな機会がある。それは死である。

もっとも死の前に、病や老いもある。その時に宗教を意識する場合も多いが、その両者は死につながっている。そうした過程はともかく、己れの死を前にするとき、多くの人はほとんど確実に宗教を意識する。

よく言われるように、ふだん死は不安であるにすぎないが、それが近いという現実となると恐怖となる。とすれば、その恐怖や不安をとり除くため、死とはなにか、と考えるのが人

間である。しかし大半の人間は心弱く、ただうろたえるばかりである。そして行きつくところ、だれかにすがって死の説明を求めるようになる。

ここだと思う。この死の説明が十分に納得できるものであったとき、人は、その説明を信じるようになる。もっとも、それは個人のレベルである。しかし、その説明のしかたが、個人ではなくてその民族性に照らして、その民族をして納得せしめるようなものであるとき、その民族の大半が信じるようになるであろう。つまり、その民族の民族性に適合した死ならびに死後の説明をなしえたとき、それはその民族の国民的宗教となる。

私は、「宗教とは、死ならびに死後の説明者である」と定義する。もし、宗教——どのような宗教であっても——から、死に関する問題の説明をとり除いた場合、何が残るというのであろうか。意外にもほとんど倫理道徳だけなのである。逆に、宗教から倫理道徳を除いた場合、何が残るであろうか。死——死に関する問題が残るのみである。

いったい死についてどのような学問や文化が語りうるのであろうか。医学は死までを説明しえても、死以後については、まったく無力である。人々は死を逃れるために医学にすがりつくが、生物である以上、最終的には、いずれ死は避けられない。とすれば、その恐しい死のあと、死後について説明を求めざるをえない。そのとき、死後について説明している、或いは説明できるものは、唯一、宗教だけである。私は定義する、「宗教とは、死ならびに死後の説明者である」と。

34

第一章　儒教の宗教性

そして、その民族の考えかたや特性に最もぴったりと適合した説明ができたとき、その民族において心から支持され、その民族の宗教になると考える。中国の場合、漢民族の考えかたや特性に最もぴったりとした、死ならびに死後の説明に成功したのが儒教であり、また、儒教の後に出てくる道教である。そのため、儒教や道教は漢民族に支持され、漢民族の国民宗教としての地位を得たのである。仏教は漢民族の支持を得られなかったため、中国では確たる地位を得ることができず、最終的には、ついに国民宗教となることができなかった。現に、中国大陸において仏教信者はごくごく少数である。私が言う儒教の宗教性とはこのような意味である。

ところで、儒教の宗教性と言うとき、別に次のように考える人がいる。すなわち、孔子を教祖とする信仰――いわゆる孔子教である、と。その代表者に、清末を生きた中国近代の思想家、康有為がいる。高田淳『中国の近代と儒教』（紀伊國屋書店・一九八一年新装版・五七～六六ページ）に拠れば、その考えは次のようである。

　康有為の意識の中には、新たに出現した西欧世界があり、特にキリスト教がある。それに拮抗しうるためにも、孔子は中国の儒教の教主でなくてはならない。……中国多神の俗に基づく淫祠は、文明国の欧米から野蛮と見なされ、中国を爪哇・印度・非洲の蛮俗と同一視させるものとなっている。国の大恥であるばかりでなく、民にとっても有害無益で

35

ある。一方、欧米の民は必ず天神に祈り、教主を祀り、教経を誦し、神の名を唱え、神に対する頌歌を歌っている。……わが中国には孔子という教主があり、孔教というものがあるではないか。……基督教徒が毎日上帝を拝し、信教の自由が憲法の大義として保証されているのに倣い、中国も天の子たる万人が孔子教を信奉すべきである。

＊以上、ルビともに原文のまま。なお、天を祭るのは、天の子である天子の特権であったが、康有為は、それを自分を厳しくしなければならなかった、かつての時代の特権の考えであり、天を祭るべきだとしたという。この問題は儒教にある春秋学という独自の歴史哲学を背景としているが、今はその指摘にとどめておく。

康有為が何を考えていたのか、よく分る。すなわち、当時の中国が欧米先進国に追いつき肩を比べるために、欧米諸文化に対抗しうるものを自国に見出そうとするたいへんな努力をしていたのである。

康有為は、キリスト教に対抗しうる孔子教を、中国文化の背景としようとしたのである。

しかし、康有為の言う孔子教の確立は無理である。いくら拝めと言っても、皇帝らを除いて、天を拝むという習慣は中国の民衆一般にはなかったからである。また、孔子や天を崇めると言っても、〈民衆にとって〉それはどうしてもやむにやまれぬ必要から生れたものでは

36

第一章　儒教の宗教性

ない。よく〈中国人の天の思想〉と言う人がいるが、それは皇帝（天子）を中心とする一部の思想であって国民的ではない。民衆が依っているものとは、まさに「中国多神の俗に基づく淫祠」なのである。

康有為の当時、康有為ら知識人にとってそれは「恥ずべき」ものであったかもしれないが、事実を事実として見、宗教を唯一絶対化せず、それこそ場合網羅的に、相対的に見るとき、なんら恥ずべきものではない。しかし、欧米を模範としていた康有為は、それが分らなかったのである。だから、彼の言う孔子教なるものが、その後なんの発展もなかったのは、歴史の示すとおりである。

一方、康有為と同時期、日本人で孔子教を唱えた人もいる。明治時代に活躍した中国哲学者、服部宇之吉である。彼は、北京の京師大学堂（北京大学の前身の一つ）で哲学を教えたこともある人物である。

彼は『孔子及孔子教』（明治出版社・大正六年）において、中国における孔子教の位置に対して問題を投げかけている。康有為たちが活躍したあとまもなく、中国は、辛亥革命（一九一一年）に由って、二千年続いてきた皇帝制（君主制）を廃止し、共和制の中華民国を作ってゆくが、孔子教を国家宗教としようとする動き（一九一二年）があったので、それを批判した論説である。彼は次のように言っている。

　今日の支那民主共和政体は……民主共和の根拠を黄帝の治体（加地注…原始的な意味での

37

平等な時代）に求むること当然なるべし。……孔子教は本と君主政体を骨子とするものなれば、求むるところを得べからず。……民主共和を孔子教に求めんとして所有牽強誣妄を敢てすることは、今日支那の学者政客の論説に徴して明白なり。（三五〇～三五二ページ）

服部宇之吉は、孔子教を教団組織にするとか、人々に強制しようとか、そういう構想は持っていなかった。ただ孔子教というものの真実や全体像を明らかにしようとした。

服部は、前掲引用文のような立場からこう言っている。「彼益々牽強誣妄を逞くせば我益々論説弁難を盛んにし、孔子教の真義を闡明するを以て吾人孔子の徒たる者の義務なりと信ず。支那が孔子教を存ずると存ぜざるとは吾人の関するところにあらず、唯々之を存するの名を仮りて牽強誣妄を恣にするに至りては吾人之を許すこと能はず」（三六六ページ）と。

彼の著作『孔子及孔子教』、および、さらに補訂して整えた『孔子教大義』（冨山房・昭和一四年）は、今日、中国哲学の研究者においてほとんど読まれていない。しかし、祖先崇拝を中心に儒教の本質、すなわち宗教性を事実そのままに述べている点を私は高く評価している（前者の同書「孔子教の特質」中の一八三～一九七ページ）。

奇しくも同じころ、狩野直喜は「支那上代の巫、巫咸に就いて」（大正五年）という画期的な論文を発表している。これは、神と人との間をつなぐ祈禱師、すなわちシャマンの中国

38

第一章　儒教の宗教性

古代における様相を明らかにした重要な論文である。

こうした先駆的な仕事を遠くに持ちつつ、第二次大戦後、すぐれた中国古代宗教研究が開花する。それぞれ立場の相違こそあれ、白川静・加藤常賢・島邦男らを代表とする諸研究は、日本が世界の学界に誇る成果である。そうした成果も踏みつつ、話を進めてゆきたい。

第二章　儒教文化圏

高麗國

日本國即倭國在新羅國東南大海中依
山島居九百餘里専一恐海寇為生中
國呼為倭寇

印都卅人身黑甚狔熟無䙝至應天府馬行
一年二箇月

明代の中国人のイメージにある日本人、朝鮮人（高麗）、インド人（『三才図会』より

一　いまなぜ儒教なのか

　第二次大戦後、日本において一般に儒教の評判はよくない。曰く、儒教は封建的である。曰く、古い家族制度を支えるものである。曰く、横暴な家父長制の理論である。曰く、女性蔑視である。曰く、忠君愛国の思想である。曰く、親に絶対服従させるものである等々と、とにかく、民主主義、個人の権利、核家族の敵であるかのような暗い扱いを受けてきた。そしてそれが儒教に対する四角四面の正方形のイメージにもつながっている。

　しかし、第二次大戦が終ってから時は流れ星は移り、七十年になっている。その間、世界は農業社会から工業社会に変貌をとげ、また共産主義諸国家の体制も音を立てて崩壊し、さらにはまだ定かでない社会へと世界は移りつつある。その社会がどのようなものなのか、だれにも分らないが、一つの奇妙な現象を見る。それは儒教のしたたかさである。農業社会から工業社会に展開してゆくなかで、儒教がしたたかに生き続けているのではないか、という観察である。

　つい数百年前まで、世界はどこもかしこも農業社会であった。しかし、ヨーロッパを中心に産業革命が起り、工業社会に入りはじめる。いわゆる資本主義先進国の登場である。こうして欧米人はまさに世界のリーダーシップを握り、優越感のまま、こうした工業社会（資本

42

第二章　儒教文化圏

主義社会）は、自分たちだけが可能であると思った。東北アジアを見よ、中国、朝鮮、そして日本など、儒教国家群は停滞しており、そういう国では自然科学などとても発展したりしはしないと考えた。

のみならず、マックス・ウェーバーはこういう御用理論を立てた。東北アジア人は金銭欲で商業をしており、そこに仮にあるとする「資本主義」も、それは拝金主義にすぎず、倫理的性格はない。しかし、キリスト教（プロテスタンティズム）社会においては、近代西欧の事業家は、職業に使命感を見出し、自分の快楽を犠牲にする理性的禁欲主義的倫理感の下、孜孜（しし）として働いており、こうした倫理的ありかたに依ってこそ資本主義社会の発展がある、と。

しかし、職業倫理を言うならば、例えば、江戸時代、石田梅岩（ばいがん）に始まる心学（中国の心学ではない）がすでにそれを唱えているではないか。心学は、儒教・仏教・神道を混淆（こんこう）した独特の儒教系思想であるが、商業経済の発達した江戸時代の意識を背景として、〈農は本（もと）であって商は末であるとする儒教〉における農本主義を批判し、商人・事業家の職業倫理を打ち建てていったではないか。東北アジア人は拝金主義者ばかりではない。

いま欧米の資本主義社会を見るとき、ウェーバー流の〈営利行為が倫理的自覚にまで高められた〉という倫理的な資本主義精神はいったいどこにどういう形で存在するのか。そんなものはどこかに消しとんでしまっているではないか。

43

第一、ウェーバー流の資本主義像がすべてではない。欧米人がかつて見た東北アジア人、何千年も停滞していて自然科学を理解する力などなく、金銭欲だけと見た東北アジア人が、農業社会から工業社会化することに成功したのみならず、逆に欧米先進国を圧する勢いとなってきている。

日本を筆頭にして、東北アジア諸国（シンガポールは東南アジア地域であるが、中心となっているのは中国人、いわゆる華僑である。だから東北アジアの問題を準用できよう）――これらの国家に共通するものはいろいろあるが、伝統という意味で、大共通項として儒教がある。そこで、欧米人のなかから、東北アジア諸国の発展の文化的背景として、この儒教があるのではないか、と考える人が出てきはじめたのである。

また、もっと根本的な問題がある。すなわち、近・現代国家が抱える問題の解決の鍵を求めようとする気運である。周知のように、近・現代国家は、国家と個人との中間に存在する共同体を叩きつぶし、個人が国家を成り立たせるシステムを作ってきた。しかし、そのようにして中央集権化し巨大な力を持った近・現代国家は、個人の諸問題に十分応える力があるのかどうか、疑問が持たれるようになってきた。例えば、老人介護問題である。老人に年金を与え、動けなくなったら病人として病院へ送りこむ。一方、元気な老人は老人ホームに入れる、というのが、個人の上に成り立つ近・現代国家の回答である。しかし、そうしたことを満足させ老人病院・老人ホームを充実するという物的対策である。要は、年金額を増やし、

第二章　儒教文化圏

る財政的裏付けが、今や怪しくなってきている上、人間としての問題も浮上してきている。

すなわち、本質的に言えば、人間は物ではない。仮に多額の年金、十分な医療、快適な老人ホームがあるとしても、家族はだれも来ないとするならば、果してそれが真に幸せであるのかどうか。日本を含め、個人の立場を中心とした近・現代国家が、ようやくなにかしら行きづまりを感じはじめてきた。

ひるがえって、東北アジアの諸国家を見ると、共同体がしぶとく生き残っている。個人の上に、血縁共同体が依然として生き残っていて、物以外のなにかしら（人間的なもの）が機能している。

日本では、近代化と称して、特に第二次大戦後、地縁・血縁共同体を可能なかぎりつぶして個人主義化（ただし実情は、自己責任・自律・自立の個人主義ではなくて、自己利益だけの利己主義化）を図ってきた。しかし、ついにそれを貫徹できず、地縁共同体はほぼ崩壊したものの、血縁共同体はまだ生き残っている。この共同体の機能は再評価するに価するという反省が、個人より成り立つ近・現代国家において起り始めたのである。

さて東北アジアにおいて、この共同体を成り立たせている理論が儒教である。個人中心の近・現代国家の行きづまりの打開策としての共同体の再評価——そこから東北アジアの儒教が脚光を浴びる大きな可能性がある。第二次大戦後、日本ではいわゆる近・現代国家たるべく、個人主義を唱える大きな日本国憲法を〈神〉のように崇め、個人を重視し、家族共同体やその

45

理論である儒教を批判してきた。しかし世界的には、共同体の再評価とともに、その理論である儒教を再び評価しようとしているのである。一方、外国においても、東北アジア諸国の活躍、血縁共同体の再評価という、現代的課題を荷なって、それを「儒教文化圏」において見ようという気運が最近起こってきたのである。

「儒教文化圏」ということばは、中嶋嶺雄に依れば、一九七九年から八〇年ごろ、アメリカのハーマン・カーン（当時ハドソン研究所）が「儒教的倫理が重要」として述べたり、また、ロデリック・マックファーカー（ハーバード大学）の発言あたりから始まると言われている。フランスのヴァンデルメールシュも、「漢字文化圏」という把握のしかたで、そこに儒教を織りこんで分析しつつある（《アジア文化圏の時代》大修館書店・一九八七年）。もちろん、外国人のみならず、日本人の論考もその数を増しつつある。農業社会の、そして共同体の理論であった儒教が、工業社会の文化的背景としてしたたかに生きているというわけである。

しかし、問題がある。と言うのは、ヴァンデルメールシュはもちろんのこと、日本人、中国人、朝鮮人、すなわち東北アジア人たちの言う儒教とはいったいどのようなものか、という問題である。

ところが、私が知るかぎりでは、東北アジア人、欧米人を問わず、大半の人の言う儒教とは、依然として倫理道徳としての儒教、礼教性としての儒教でしかない。大半の人の考える儒教とは宗教性抜きのものであり、それは不十分或いは誤った理解のもの、というのが私の

46

第二章　儒教文化圏

主張である。宗教性に思い至らず、礼教性（倫理）のみをアスペクト（局面）として、それによって儒教の歴史や文化、さらには社会を分析しても正解を導き出すことはできない。それは、学校教育においてきちんと学習されていないからでもある。

例えば、高校生向けの『倫理用語集』（山川出版社・一九八六年）という本がある。高等学校で社会科を学習するとき、こういった用語集がかなりの影響を与えていると思われる。その本の「儒教（儒学）」という項目を見ると、こう記している。「儒教は道教・仏教とともに三大宗教に数えられる。儒教は、道教・仏教のように超越者や宗教的世界観を説くよりは、人間の日常生活における道徳・倫理・儀礼などを中心に説く」と。

さっぱりわけのわからない文章である。儒教は「宗教」と言っておきながら、実は「倫理・道徳・儀礼」であるなどと言っている。これでは、いったいどこが宗教と言えるのか、高校生に分ろうはずがない。この、なんとなく「儒教という宗教は倫理・道徳」という、わけの分らない説明のまま終る、というのが、日本人の儒教理解の実情である。いや、実は中国人もまたそれに近いのである。

世に仏教概論書は山ほどある。老荘（道教）概論書やキリスト教概論書もかなりある。にもかかわらず、現代人に向かっての、最近の学問的成果を踏んだ、きちんとした儒教概論書

となると、ほとんどない。これは、われわれ中国哲学研究者の怠慢であった。いまこそ儒教の本当の理解が必要である。宗教と深く関わる〈人間の心〉という永遠の問題との関係において、儒教を真に理解することが必要である。

二　儒教文化圏の意味

儒教と言っても、さまざまである。人によってそのイメージや概念はさまざまである。それというのも、儒教はけっして孔子に始まるのではなくて、その歴史は孔子の時代よりもはるか以前から始まり、そして今日に至っているからである。言えば、儒教は中国史のすべてに関わっている。また日本においても、少なくとも〈国としての政体〉が形づくられていた時代から今日に至るまで、儒教がずっと関わっている。朝鮮においても同様である。

この点がヨーロッパにおけるキリスト教と異なる。キリスト教は、ヨーロッパの歴史において後に登場してきた宗教であり、キリスト教が普遍化する以前の時代において、その影響はもちろんない。また仏教の場合も、インドにおいて或る時期のみ影響力をもっていたが、ヒンズー教全盛の現代ではまったく影響力がない。現在仏教徒は、インド総人口八億人弱の内、三千万人ほどにすぎないと言われる。それも「四姓制度（加地注…いわゆる身分階層制度＝カースト）の大きくは四階級であるが、長い歴史の間に、さらにもっと分化されており、その副カースである。

第二章　儒教文化圏

トは二千以上とも言われる）の枠からはみでたアンタッチャブル（不可触賤民）の集団改宗によるネオ・ブディスト（新仏教徒）がほとんどである」（藤井正雄編著『仏教の儀礼』一一二ページ・東京書籍・一九八七年）。

中国における仏教は、かつてインドと同じく社会に大きな影響力を持っていたが、今は中国大陸・台湾ともにほとんど影響力はない。基本的に、僧侶の地位は、日本の場合と比べて、ずっと低いし、それも本来の《肉食妻帯をしない戒律》を守っている宗教人としての存在であり、社会的影響力に乏しい。また、東北アジアの祖先祭祀を入れている大乗仏教と祖先祭祀のない東南アジアの上座部（小乗）仏教とは相当な開きがある。

ただし、日本における仏教は社会的・文化的影響力が大きい。しかしそれは、仏教本来の持っている力と言うよりも、政治的に、江戸時代の寺請制度（いわゆる檀家制度）によっての仏教寺院と人々との結びつき、文化的には日本本来の祖霊信仰との結びつきによる。しかし、この祖霊信仰こそ、実は儒教と最も深い関わりを持つもので、本書を著わす目的もまたこれに関わっている。

このように、キリスト教とヨーロッパとの関係や仏教とインドとの関係と比べて、儒教と中国（延いては朝鮮・日本）との関係は、本質的に密着しており、歴史のすべてに貫流している。こうした歴史的なつながりという点において、中国・朝鮮・日本は一体的であり、儒教文化圏と言うことができる。その点、仏教は、中国・朝鮮において今日的影響力に乏しく、

49

また道教は、中国においてはともかく、朝鮮・日本において、歴史的にその存在性を保ったと言いえない（深層的に存在していたとしても）。そのため、中国・朝鮮・日本を総括して、仏教文化圏或いは道教文化圏と称するのは適切でない。

それでは、その歴史性を保ち続けさせたものはなんであるのか、ということになる。

こうした問題を立てると、ほとんどの場合、東アジアの家父長制などにその解答を求めがちであるが、それは十分な解答ではない。すなわち、家父長制を支える理論として、さらに礼教性（政治的にも家族的にも）というものに根拠を求めてゆくことになるが、それは、何度もくりかえし言うように、儒教の一面的いや表面的理解にすぎない。私はあくまでも、その家父長制・礼教性をさらに根本的に支える基礎である宗教性をこそ見るべきであると考える。つまり、儒教文化圏を歴史的に継続せしめてきた根本は、儒教の宗教性にある、と。

その儒教の宗教性とは、現世を快楽とする東北アジア人の現実感覚にふさわしい死ならびに死後の説明理論である。そしてそれは、具体的には祖先祭祀として存在する。この、祖先祭祀と結びつく宗教性に基づく儒教の政治的・文化的影響を、有史以来、今日に至るまで受けている中国・朝鮮・日本を一つの文化圏と考えることができる。このように〈孝とりわけ祖先祭祀を核とする儒教に拠って歴史的・宗教的に一体化されている文化圏〉というのが儒教文化圏の概念である。

そこで私は、この宗教性と礼教性とを指標として、中国における儒教史を大きく四時期に

50

第二章　儒教文化圏

分けて考えてゆきたい。ただし儒教史と言えば、学界においてすでに「原始儒家」というこ
とばを使うが、このことばについては、説明を要する。

服部宇之吉『孔子教大義』（前掲）は「孔子以前の教へを、孔子の教へに対して原始儒家
と称することにして居る」（三〇ページ）と言う。また重沢俊郎『原始儒家思想と経学』（岩
波書店・昭和二四年）は「儒家思想を原始時代と経学時代とに区分する」（序）としている。
そして孔子以後（孔子を含めて）を「原始儒家思想」とする。だから、重沢説の「原始儒家
思想」とは、厳密に言えば、「原始〈儒家思想〉」という構造であって、服部説の「原始儒
家」ということばの意味と異なる。学界においては、そのどちらの意味を使うのか、明確な
通説はまだない。

そこで私は、分りやすく、孔子を境にして（その理由は後述する）、孔子の前を「原儒時代」、
孔子を含めて孔子以後の或る時期を「儒教成立時代」と名づけておくことにする。それに従
って、儒教史をつぎの四時期に分けることにする。

（一）原儒時代、（二）儒教成立時代、（三）経学時代、（四）儒教内面化時代。

この四期の内、（三）経学時代が最も長く、さらに細かく分ける必要があるが、いまはと
りあえず一つにくくっておく。また、（四）儒教内面化時代は「終章　儒教と現代と」をも
ってそれに充てる。そして、この順序に述べてゆきたいと思う。その骨格は、儒教における
礼教性（表層）と宗教性（深層）との相互連関である。

51

以下、歴史的に、儒教の発生から現代に至るまで述べるわけであるが、読者の中には、儒教が現代とどのように関わるのか、それをまず知りたいという方もいるであろう。そのように思っておられる読者は、ここで先に「終章　儒教と現代と」（二四三ページ）を読み、その後、第三章にもどるのも一つの方法である。

なお、本書は、儒教を歴史的に見てゆく通時的論述であるが、儒教を構造的に見た共時的論述として、別に拙著『沈黙の宗教——儒教』（ちくま学芸文庫・二〇一一年）があるので、併せて読んでいただけると幸いである。

第三章

儒教の成立

孔子は（右から二人目）子どものころ、よく俎豆（そとう。俎は右側テーブルの上の箱、豆はその左右にあるカップ）の遊び、すなわち原儒の祈禱や祭式のまねをして遊んでいたという（顧沅の『聖蹟図』より）

一 原儒──そして原始儒家

儒教──こう言えば、まず孔子を頭に浮べることであろう。中学校或いは高等学校において、中国の歴史や思想について学ぶとき、とにかく孔子から儒教が始まったとして学ぶのがふつうだからである。

ところで、思想と言うとき、単に思いつきをいろいろと並べるだけのものでは不十分である。思想と言う以上は、そこに一つの体系がなくてはなるまい。その意味で、すなわち体系を持った理論・思想という意味で、儒教が孔子から始まったとするのは正しい。けれども、孔子とて儒教思想のすべてを独創的に造り出したわけではない。思想の歴史は常にそうであるが、或る思想、或る理論体系が登場するとき、必ずその母胎、或いは先駆的なものがある。孔子に始まる儒教、理論体系を持った儒教が登場する前、その母胎があった。私は、それを原儒と名づけておく。

原儒に関する研究は盛んであり、日本人・中国人の諸学者にわたって、いろいろな研究が発表されている。すでに本書（一九ページ）においては紹介ずみであるが、原儒の本質は、シャマンである。

シャマン（天上の神や魂など霊的なものと地上の人間とをつなぐ能力を持つ祈禱師）は、古今

54

第三章　儒教の成立

東西を問わず至るところに存在しており、なんら珍しいものでない。しかし、世界のシャマンのほとんどは、まさに祈禱それだけの任務に終わっており、俗信的水準にある。しかし、儒教は、原儒のシャマニズムを基礎にして、孝という独自の概念を生み出し、この孝を基礎にして家族理論を造り、さらにその上に政治理論を造り出し、一つの体系的理論を構成したのである。このような、シャマニズムを基礎として政治理論までを（さらに後には宇宙論・形而上学も）有している理論は、おそらく世界で儒教だけであろう。

そのシャマニズムも限定的であり、いろいろな神霊を招き降ろすのではなくて、圧倒的にその多くは自己の祖先の霊である。後世では、孔子の霊を招き降ろすことなどもあるが、一般的には、自分の血縁者、つまりは自己の祖霊を招き降ろすのが原則である。それが祖先崇拝とつながっていることは言うまでもない。

さて原儒は、職業的シャマンであったが、祖霊を招き降ろすことは、職業的シャマンを助手にはするものの、本質的には子孫・一族の行事である。だから、いわゆる教団宗教のように、宗教行事を独占するのではなくて、各家族自身が行なう儀式として普遍化する。

今の日本では、祖霊に対する宗教行事は、仏教の主導によって行なわれているが、本来は子孫・一族が行なうべきことである。あえて言えば、冠婚葬祭（厳密に言えば「葬」でなくて「喪」）は家族の手によってなされるのが本来である。例えば、結婚式場やホテルなどという場所を借り、しかも神前結婚をするなどというのは、最近の習慣である。日本における儒教

55

的な婚儀は、かつて新郎の家で行なわれ、そのあと仏壇の祖先に報告（これは実は儒教式）していた。

つまり、儒教では、祖霊への宗教的行事を筆頭に、家において冠婚葬祭を行なうので、いわゆる教団宗教の行為に比べて日常的であり、人々には宗教と気づかれないできたのである。

二　孔子の登場

さて話をもとにもどすと、はるか遠い太古の時代から原儒たちの時代が続き長かった。しかし、加藤常賢の説に拠れば、シャマンの大半は超能力があるわけではなく、祈禱の依頼者の立場をあらかじめ知って、それに媚びるような対応をしたという。それはそうであろう。祈禱も商売である。得意先の気に入るような対応をすることになるであろう。それが行きつく先は阿諛追従であり、相手に媚びへつらう接しかたとなった。

これに対して、そうであってはならないとして、意識改革を起こそうとする集団が登場する。その集団が原始儒家と呼ばれ、その代表的人物が孔子であった。この孔子たち原始儒家によって、原儒を越えて儒教が成立することとなる。

原儒が、遠いその昔、神霊なものと人との間をつなぐ祈禱の仕事（シャマン）や、さらには葬送儀礼を職業としていたことは、今日、学界の定論となっている歴史的事実である。し

56

第三章　儒教の成立

かしそれだけであるならば、古今東西どこにでも見られる行為であって、儒の特徴というわけではない。

さて、祈禱や葬儀業は、その仕事の性質上、同じことをくりかえすだけである。祈禱は、なるほど時代や社会によって、道具が鹿の骨になったり、トランプになったり、コンピュータになったりして変るけれども、未知との予言的関わりという点で、その本質はすこしも変っていない。葬儀に至っては変るどころか習俗をできるかぎり守ろうとしており、装飾的なものこそ時代によって変化はあるものの、内容的には、実に驚くべきほど古い時代の習俗が残っている。

儒もそうであって、職業的に祈禱や葬礼を扱い、それをくりかえし行なっておれば、その収入によってなんとか生きてゆくことができた。ただし、同じことをくりかえすだけである。そうなると、発展の歴史というものがない。変化がなく、時間の単純なくりかえしにすぎないからである。ところが、そういう生活をしておればすむものを、彼らは自分自身の地位を変える大きな変化を起したのである。この点が、儒と古今東西の類似集団との決定的相違となった。

では、その変化とは何か。孔子の登場である。

孔子と言えば、ふつう、彼の生きていた当時の政治・社会・経済・倫理・教育などの改革者として位置づけられている。それはそれで正しい。一方しかし、儒教史という面から言え

57

ば、儒のありかたに対する内部改革（心の内面も）を行なったという点が最も重要である。

ただし、孔子は両親ともに儒というような、そういう意味での純粋な儒出身ではない。母こそ儒ではあったが、父は平凡な農民であったから、両方の血を受けついでいる。しかし、孔子自身、自分を儒と称したのであるから、儒である。ただし、孔子は明らかに自分とそれまでの儒（原儒）との相違を意識しており、また、めざそうとする儒のイメージが異なっていた。老年期の孔子は、子夏という青年弟子に、「なんじ、君子儒となれ。小人儒となることなかれ」《論語》雍也篇）と言い、君子について、ずいぶんと多くのことを述べている。多く述べているということは「君子」の概念、「君子」のイメージを新しく創り出そうとする努力の跡を示している。

それでは孔子は儒に対して、いったいどういう内部（内面）改革、意識改革を考えていたのであろうか。

三　孔子の自覚

白川静の名著『孔子伝』（中央公論社・昭和四七年）に拠って言えば、儒と孔子とは、おおざっぱには次のような関係になる。

孔子の生きた時代、その中国古代において、古くから巫祝（シャマン）がいた。「儒」は

第三章　儒教の成立

もともとこの「巫祝」を意味する語であり、儒は古い呪的儀礼や喪葬などのことに従う下層の人たちであった。この儒には、大儒と小儒と、すなわち階層があったらしい。孔子が君子儒と小人儒とに分けたのも、そういう事実に基づくようである。どうやら「小人の儒」は、喪礼の記録などを担当し、「君子の儒」は、師儒ともいうべき知識層であった。この師儒は古典学を修めており、淵源は「史」の学であろう。「史」とは何か。王朝内部には内祭（宗教儀礼）担当者（史と言う）と外祭（政治的儀礼）担当者（事と言う）との二系列の官制があり、やがて宗教と政治との分離が起る。そこで内祭担当者の史は、祭祀儀礼や古伝承の記録担当者という最高知識階層となった、と。

つまり、儒には、王朝の祭祀儀礼や古伝承の記録担当官と遠く関わりを持つ知識人系上層の儒と、祈禱や喪葬を担当するシャマン系下層の儒とがある。

こと宗教に関して言えば、こうした階層分離はよくある。類型的に言えば、例えば江戸時代、高野山真言宗には、学問を主とする学侶系の者、経営を主とする行人系の者、下級の祈禱や参詣客集めなどを主とする聖系の者、というふうに、かつて三種の系列があった。あたかも、学侶・行人は君子儒、いわゆる高野聖は小人儒のような感がある。

これは今日においても事情は同じであろう。宗門系大学の教授のように深遠な教理を講ずる宗教者がある一方、民衆一般に接し、呪術によって祈禱を行なう祈禱師、拝み屋がある。後者はふつういわゆる淫祠邪教の徒と言われるものであろうが、この流れは絶対に絶える

59

ことはない。なぜなら、実は民衆が最も望むものであるからである。日本における新興宗教のほとんどは、民衆のこうした〈淫祠邪教〉への願望とエネルギーとに基づいて起り、かつ発展している。

さて、歴史事実的には、上述の白川説のような様相であっただろう。ただ私は、儒教史——延いては中国思想史の中に孔子を置き、その思想的意味を考えるとき、やはり思想史的特質を見出したい。それは、孔子の思想的自覚という点においてである。

日々の事がらはなにごとも変らずくりかえし行なわれ、時は流れる。われわれ凡庸な人間は、その日その日を、ほとんど無反省に送っている。しかし、思想的天才は、われわれが見過しているそのなにげないものの中に、永遠なるものを自覚する。孔子において、それは何であったか。

孔子は、白川説にもあるように、礼制に詳しい有数の知識人であった。また孔子以前からあった〈古典学〉の大家でもあった。しかし、事実に詳しい単なる大知識家、文献学者ではなかった。その事実の持つ〈意味〉を考えた人であった。

例えば、礼制（喪礼）として「三年の喪」というものがある。これは、父が亡くなったとき、子が喪に服する期間のことである。弟子の宰我という秀才が、三年では長すぎると意見を述べた。すると孔子は、いや必要だ、自分は赤子、幼児として父母にたいへんお世話になったから、そのお返しとして、父母が亡くなったとき、お返しをするのだ、と言っている

60

第三章　儒教の成立

（『論語』陽貨篇）。

これは、三年という期間の意味づけをしている。もちろん、孔子がはじめてそのように言いだしたのかどうかは定かでない。しかし、「三年の喪」を、宰我のように事実問題として扱うのではなくて、〈父母に三年もの長い間、襁褓（おむつ）のお世話になったことへの恩返し〉にという意味問題として扱ってそれを主張しているのである。これは、重要である。

このように、事実に意味づけをすることが、後に経学時代になって、しだいに方法化されてゆくのである。

因みに、この「三年」の実態について二十五個月とする説と、二十七個月とする説との両説があるが、前者として解する場合が通例となっている。その二十五個月とは、足し掛けであるから、実質的には満二年プラス一日のことである。ところで儒教では、死後の日数の教え方は、死亡日の前日から数える『礼記』曲礼上篇に拠れば、死亡など良くないことは先に延ばし、誕生など良いことはその逆とする。だから例えば、四月五日に亡くなると、命日を四月四日にし、四月五日に生れると、誕生日を四月六日とする）。だから三年の喪とは、満二年目の忌日（命日）ということになり、けっして満三年目ではない。仏教はこれを取り入れて三回忌を行なう。三回忌を満三年目ではなくて満二年目に行なうのは、儒教における三年の喪という重要な行事の模倣である。このことは、一般にほとんど知られていない。

なお同じく十三個月後すなわち満一年目の忌日の祭祀を小祥と言い、三年の喪のそれを

61

大祥と言う。この小祥・大祥の「祥」をとって、仏教では、故人の忌日を「祥月命日」と言うのである。我が国の場合、昭和天皇の服喪期間は一年であったが、これは八世紀、奈良時代の『養老令』喪葬令に基づくのであろうか。今日では、自分の親戚に対する服喪期間としては、天子や父母のための服喪期間を一年とし、『養老令』では、祖父母などは五個月、妻や兄弟姉妹などでは三個月等々と、父母のための一年よりは当然短い）、死亡後の次の正月の賀状を出さないでいる。礼制に基づくならば、そういうこととは無関係に一律に翌年の年賀は欠礼という形が習慣化されている。

孔子はまたこう言う、「父　在せば、その　志　を観、父　没すれば、その行ないを観る。三年　父の道を改むることなきは、孝と謂うべし」（『論語』学而篇）と。すなわち、三年の喪を孝として意味づけている。

もちろん、孔子は三年の喪との連関以外、孝について多く語っている。この点について、実は、学生時代、私は不思議に思った。と言うのは、孔子の父は幼少期に亡くなっており、母も十代後半までには亡くなっているからである。つまり、孔子は早くから両親がなく、親に対する孝（いわゆる俗に言う親孝行）は、しようと思っても実際にはできなかったのである。にもかかわらず、どうして孔子がこれほど熱心に孝を説くのか、という疑問である。

この疑問に対して、教科書的に答えることはできる。家族を中心とする中国社会では孝を

62

第三章　儒教の成立

重んじていたからであると。それはそうであろう、孔子とて時代の子である。その時代の意識を反映するのは当然である。しかしそれだけのことなら、孔子は時代の意識を反映するのは当然である。しかし凡庸な才子にすぎない。

私は、孔子が孝を重視したのは、時代の意識の単なる反映ではなくて、もっと主体的な自覚があったのではないかと思う。当然、その自覚に至る契機が必要である。それはいったい何であったのだろうか。結論を先に言えば、それは死であると考える。

とこう述べると、ただちに次のような反論が起ることであろう。孔子は死について関心はなかったのだ、「いまだ生を知らず、いずくんぞ死を知らんや」（『論語』先進篇）と言っているではないか、と。

この反論は予想どおりである。「中国人は合理的・現実的であって宗教に関心を示さない」といういわゆる定説なるものがあり、『論語』の右のことばは、その根拠となっていることでさえある。しかし、あえて言えば「いまだ生を知らず。いずくんぞ死を知らんや」というこのたった一句が、中国人における儒教・宗教・死との関係を簡単に切り離してしまったと言って過言でない。

しかし、ふつう「生のことが分っていないのに、どうして死のことが分ろうか」と解説されているこのことばは、別の解釈が可能である。私は、拙著『孔子——時を越えて新しく』（集英社・昭和五九年。現在は角川ソフィア文庫）において、次のように解釈している。

63

子路が鬼神に仕える方法をたずねたとき、孔子は、まず最初に「いまだ人に事うる能わず。いずくんぞ能く鬼（神）に事えんや」と答えている。そしてこの後、子路が追いかけて、「敢えて死を問う」たとき、「いまだ生を知らず。いずくんぞ死を知らんや」と答えているのである。

「鬼（神）」（霊魂）の一般化が「死」であるから、この二つの問答は、明らかに連関している。すなわち「人」と「鬼（神）」と、「生」と「死」と、という対比は、「人・生」と「鬼（神）・死」と、という対比であると考える。

さて、鬼神となることは、死を意味する。そこで、この「人」は親に対してはばかった言いかたであって、実は「親」のことであると解する。生・死についてという一般的な意味ではなくて、在世の親（人）に対してちゃんと仕えることができなくて、鬼神となった親に対して、どうしてお仕えすることができようか、在世の親（生）に対してちゃんとお仕えできない者が、どうしてその御霊（死）にお仕えできようか、という具体的な意味であると考える。つまり、鬼神・死に対して、しっかりと仕えることを求めているのである。

いわゆる、「［親の生・死・鬼神という三つの場合において）生には、これに事うるに礼をもってし、死には、これを葬るに礼をもってし、［鬼神には）これを祭るに礼をもってす」

『論語』為政篇（いせい）である。

第三章　儒教の成立

それを言いなおせば、親が生きてあるときは生きている人に対して、「民の義を務め、〔親が亡くなれば、亡くなった人に対して、その〕鬼神を敬してこれに遠ざかる（狎れ汚さない）」ということである。必ず、祭礼をきちんと行なうことを求め、「〔対象が、自分の祖先の〕その鬼にあらずして、これを祭るは、諂いなり」（為政篇）とまで言い切っているのである。このように、孔子は正しい鬼神を尊重するからこそ、「子は、怪力・乱神（私は「怪・力・乱・神」の四つに分けない説をとる）を語げず」（述而篇）と言われているのである。

実際、孔子は死について多く語っている。『礼記』（儒教における重要な成立期や信頼性に問が見える。もっとも『礼記』の文は、『論語』に比べて、文献としての重要な成立期や信頼性に問題があるが、孔子の真実のいくばくかは伝えていると考える。そこには、例えば次のように「孔子曰く、死（葬儀）に之きて之（死者）を死せりと致すは、不仁（情愛不足）にしある。「孔子曰く、死（葬儀）に之きて之（死者）を死せりと致すは、不仁（情愛不足）にして、為すべからざるなり。〔しかし〕死（葬儀）に之きて、之（死者）を生けりと致すは、不知（理解不足）にして、為すべからざるなり」と（檀弓上篇）。

孔子のこうした死の意識は、観念の上だけのものではない。現実に意識するできごとがあった。それは、七十数歳の最晩年を迎え、実子の伯魚を病気で失ない、最愛の弟子の顔淵や子路が先立っていったのである。これら一連の事件は非常に重要である。顔淵の死に際して

の孔子の、「ああ天　予を喪ぼせり。天　予を喪ぼせり」（先進篇）という悲痛な嘆きは、『論語』を読む者をして粛然とせしめる。

死の意識——これこそ孔子をして孝の自覚に至らしめた最大の契機であったと考える。その孝とは、もとより、生命論としての孝、死の恐怖や不安を解消するための死の説明としての孝、すなわち祖霊の祭祀、子孫・一族の存続を含む孝である。若くして両親を失った孔子にとっては、生きてある現実の両親に対する孝（いわゆる親孝行）の実感は、むしろなかったのである。

このようなことを背景として、私は「いまだ人に事うる能わず。いずくんぞ能く鬼に事えんや。いまだ生を知らず。いずくんぞ死を知らんや」をあえてこう訓んだ。「いまだ人に事うる能わずんば、いずくんぞ能く鬼に事えんや。いまだ生を知らずんば、いずくんぞ死を知らんや」（拙著『論語　全訳注』講談社学術文庫）と。

四　孔子の孝と礼制と

儒教と言えば、だれでもまず第一に孝が中心の理論と思うことであろう。しかし、なぜ孝が中心に置かれるようになったのかということについて、これまでの説明は疑問が多い。例えば、儒教に関する近代的研究として重沢俊郎『原始儒家思想と経学』（前掲）がある。

66

第三章　儒教の成立

よく引用される文献である。それは、以下のように述べる。

普遍的な人間愛というものがあり、それを仁と言う。この「普遍的人間愛」は「特殊的血族愛の展開」である。すなわち人間愛の発露は血族間の関係に見られる。この肉親間の愛情は、人間愛に比べて「生物学的・本能的」だが、仁の基本である。孔子はそのように考えて、「肉親間の感情を基礎として成立する家族道徳をすべての道徳の基礎とした」と。

右の説の「肉親間の愛情」の代表が孝であることは言うまでもない。すなわち、まず最初に、肉親の間、その代表として親子の間に愛情があるということを、公理のように認める。そして、子の親に対する愛情が孝、親の子に対する愛情を慈（いつくしみ）とする。

こうした近代的研究以外、儒教の説明をしている通俗書のほとんどすべてが、同じように述べる。すなわち、孝は子の親に対する自明の愛情である、と。しかもそれを生物の「本能」として認め、動かしがたい事実であるとする。要するに、子が親に対して孝を尽すのは当りまえのことである、という説明である。

私は、こうした説明に対して疑問を覚える。なぜなら、子の親に対する本能的愛情と言うけれども、それは生物学的にも正しいのであろうか。生物の場合、なるほど確かに親子はたがいに愛情を尽しあっている。しかしそれは、保護されている、いわゆる子どものうちだけであって、子が十分に成長すると、やがて巣立ちがあり、親から離れてゆくではないか。動物の場合、時には、自立させるために親が子を巣から追い出したりする。

67

異性への愛は、根本的には生殖を背景とする性愛であり本能的なものである。それは〈未来〉に向かうものであり、生物の感情に基づいていることは納得できる。

しかし、生物的には、子が自立して巣立てば、親は〈過去〉になる。それは大半の動物の生態が示すとおりである。生物一般として言えば、親は〈過去〉である。異性への感情が〈未来〉に向かうのと正反対である。生物の場合、過去となれば、それは振り捨ててゆくものであり、必ず親を忘れてゆくというのが生物学的に正しい。親への永遠の愛情が、生物に本能的にあるとして普遍化するのは一般性がないと考える。

にもかかわらず、現実には、古来、人間は親と無縁になることができない。人間は自立してもなお親を忘れず、自分の親として関わってゆく。それは、異性への愛といった生物的な感情とは決定的に異なった姿である。河合雅雄は、サルの生態研究を通じて、家族は人間社会に特有の社会的集団であるという結論を出している。

それでは、理屈の上で、或いは人間の知性で親に接するのかということになる。そういった考えの一つの現われが、現民法七百三十条が言うところの「直系血族及び同居の親族は、互に扶け合わなければならない」という規定である。

しかし、義務や権利について厳しい欧米人ならともかくも、われわれ東北アジア人には、親に対して「扶養の義務」があるといった法感覚はまずない。言われずとも当りまえという道徳感覚があるからである。

68

＊この点について、『中央公論』誌（昭和二五年九月号）に「親孝行法律化是非論争」（牧野英一・川島武宜）という興味深い特集がある。

　一方、別の説明もある。川島武宜『イデオロギーとしての孝』（岩波書店・昭和三二年）は、孝は恩として意識されたものであって、恩なら無限に返さねばならないから、そういう報恩行為として現われたとする。しかし、この川島説は成り立たないと、かつて私は論破したので、ここではくりかえさない（拙著『中国思想からみた日本思想史研究』吉川弘文館・昭和六〇年・二五九ページ以下。修補し『日本思想史研究』研文出版・平成二七年として再刊）。

　子ネコが親ネコにじゃれつくといった種類の生物的本能による愛情とか、「扶養の義務」などという頭でっかちの法律とか、報恩という倫理的態度（川島氏の論証は誤っているもの）とか、そういった角度から孝を普遍的なものと位置づけるのは、不十分である。そういった角度の見方は、孝を部分的にしか見ていない。孝はあくまでも全体として見るべきである。その全体的見方とはただ一つ、すなわち孝を生命論として見ることである。

　孔子の高弟、曽子は死に臨み、その弟子たちになんと言ったか。「予が足を啓け。予が手を啓け」（『論語』泰伯篇）と言い、身体が完全である、傷ついていないことを見せ、それを誇っている。自分は「戦戦兢兢として、薄氷を履むがごとく」注意深くこの身体を傷つけないように生活してきた。なぜなら、自分の身体は父母の遺体だからである、と曽子は言う。

同じく中国における有名な故事として、楽正子春の話がある。楽正子春が堂から下りるとき誤って足を傷つけた。さて傷が治ったのに、数個月も外へ出ないし「憂色」があった。そこで彼の弟子が、どうしてなのかとたずねたところ、前出の曽子の話を持ち出し、足を傷つけたのは自分が「孝の道を忘れていた」ことであり、それを反省して「憂色」があるのだ、と（『大戴礼』曽子大孝篇）。

曽子・楽正子春ともに、完全な身体を父母から与えられたのだから、完全な形で返すと言うのである。それは「身体髪膚、これを父母に受く。あえて毀傷（傷つける）せざるは孝の始めなり」（『孝経』）という考えによく表わされている。後に仏教が中国に入ってきたとき、儒教が仏教を批判した理由の一つは、僧侶が剃髪（髪の剃り落し）することにあった。髪の毛を剃ることは、身体の完全を重視する『孝経』の立場に反するからである。

自分の身体は、父母の遺体である。当然、父母の身体は祖父母の遺体である。というふうに連続して遡ってゆくならば、自分は過去の生命すべてを背負いこんでおり、自分の身体は生命として確かに昔からずっと続いてきたことを意味する。すなわち、親とは、自分の生命でもあるのだ。そして、己れの生命を次の世代に残すとき、自分の子はまた「父母の遺体」ともなるのである。そして、確かに自分の生命を後世に伝えたことになる。

なお、かつて小野俊一の『子孫崇拝論』（黎明社・大正一三年）といったような本があった。しかし、同書はダーウィンの進化論に単純に依拠した楽天的な人類の進歩発展論であって、

70

第三章　儒教の成立

上述してきたような生命論と関わりはない。

さてこのように、過去・現在・未来を貫く生命の連続という考えかたの上に立つ者にとって、死はその最大の立ち向かうべき相手となる。

もっとも、日常の無事な生活において、死は観念的な問題であり縁遠い。しかし、自分の身近なところで死の問題が起きるとき、はじめて実感が漂う。では、身近とは何か。それは決っている。肉親の死である。親友の死である。親しい者の死である。

孔子は、若いときから多くの死を見てきている。その母方は原儒であり、喪（葬）礼を職業としていたからである。しかし、それは他人の死を扱っているのだから、死の実感は稀薄である。孔子が死を実感した最初は、母の死であっただろう。父が亡くなったとき、孔子は幼なかったので、まだ世のできごとについての理解が不十分であり、いわゆる死の実感は乏しかったであろう。しかし母の死のときは十代後半であり、また母の遺体を父の墓に合せて埋葬することを自分で行なっているから、母の死を通じて十分に死の実感があったことであろう。そして晩年、子の伯魚を亡ない、愛した高弟の子路や顔淵もまた世を去ってゆく。顔淵を失ったときの孔子の落胆ぶりは、『論語』にまざまざと記されている。そのことは、すでに述べた（六五〜六六ページ）。

孔子は死の実感を通じて、孝の生命論を自覚した、と私は考える。ここが重要である。孔子以前に、当然、すぐれた儒者が何人もいたこと子が自覚したこと、ここが重要である。

71

であろう。　しかし、古来から続いてきていた祖先崇拝・親への愛・子孫継嗣といった行為を、ただ受けつぐだけであっただろう。　しかし、それを孔子が根源的に自覚し、その自覚の上に立って理論化し体系化したとき、はじめて儒教が思想として歴史に残ることになったのである。　単なる知識ではなくて、主体的に自覚したことが重要なのである。

そこで私は、儒教の歴史を分けるとき、孔子のこの自覚を境として、それ以前を「原儒の時代」、孔子登場以後を「儒教の成立の時代」とする。そしてその儒教成立の時代の下限は、前漢時代の武帝という皇帝が、儒教を国家理論として採用したときまでとする。その理由は後述する。

さて、死にゆく者は死と苦闘する。死の恐怖を本当に知る者は、死にゆく者だけである。しかし、その死にゆく者の周辺にいる親しい者は、死にゆく者にやがて来たる死を前にして、いやおうなく、自分もまた死を現実として実感する。

その場合、重要なことは相手と〈親しい〉という関係である。中国人は、五官（感）の快楽を第一とする現実感覚の持主であり、親しい関係にある人間に特に関心を寄せる。愛すると言っても、キリスト教が言う博愛というような感覚はない。一神教のキリスト教のように絶対的神を置く立場なら、すべての人間を等しく神の子として愛するという立場が生まれよう。

しかし、儒教においては、そういう感覚は乏しい。なるほど「汎く衆を愛す」（『論語』学而篇）、すなわち「汎愛」ということばがある。また「博愛」を「仁」（愛）とも言っている。

72

第三章　儒教の成立

しかし、原始儒家の時代では、そういう広い愛、抽象的な愛は、一般的ではなかった。

と言うのは、孔子の後に登場した墨家は、儒家を批判する立場をとったが、墨家は「兼愛」（一種の博愛）を主張し、儒家の愛は偏よった「別愛」であると言っているからである。

「別愛」とは、「愛」する相手を区「別」するということである。

ではどのように区別するのか。儒家は、愛情は親しさの度合いに比例するとする。すなわち、最も親しい人を最も愛し、そのあと、親しさが減じてゆくのに比例して、愛する気持が減じてゆくとする。しごく常識的な考えである。

そして孔子はこう考える。人間にとって最も親しい人間とは親である。だから人間はだれよりも親を最も愛するのがしぜんだ、と。だから、親から遠くなってゆく家族、或いは親族に対して、その割合いで愛情が薄くなってゆくとする。

親に対するときを頂点とするこの愛情のありかたは、親しさのありかたに比例している。

すると、死の場合、その実感としてその死を傷む悲しみもまた親しさに比例することとなる。「博愛」

すると、はっきり言えば、見知らぬ人の死は悲しくないことを認めるわけである。「博愛」

者ならば、その立場から言って、見知らぬ人の死も悲しむこととなろう。しかし、儒家はそれを偽りだとする。最も親しい、そして最も親しいがゆえに最も愛する親の死が最も悲しい、

と言うのである。徹底的に常識的な考えかたをするのである。

これは、現実的そして常識的な中国人に最も納得できる規準となる。この規準が、中国人

のありかたをきめてゆく。すなわち中国人は自分たちのありかたのルールとして、礼という
ものを持っていたが、死がこの礼の規範となってゆくのである。それは次のごとくである。

人間はその一生において、さまざまな社会的関係を作ってゆく。一般人なら、成人式、結
婚、葬儀、祭祀、いわゆる冠・婚（昏）・葬（喪）・祭である。この中で、冠（成人式）は一
般庶民にまで徹底したわけではなかろう。また結婚しない人間もあるし、祖先の祭祀をしな
い者もいる。しかし、必ず経るものは、葬（喪）である。すなわち、冠・婚・葬・祭の礼の
中心である（天を祭るといった国家的な礼は、今は問うまい）。ところで、礼とは〔数字や物の
表現によるところの〕具体的な行為であるから、言わば、喪礼における礼制の組み立てかた、礼
制の組みかた、礼制の手順、といったものが、冠・婚・祭など他の礼制の組み立てかたのモ
デルとなる。いや単位、或いは規準となる。

さてそれでは、諸礼の規準となるその最も重要な喪礼はどのように組み立てられているの
かと言えば、親の喪礼を規準とするのである。なぜなら、一般的に言って、親が子よりも後
で亡くなるという特別な事情を除くと、人間はほとんど必ず親の死を迎え、喪礼を行なうか
らである。この必ず経験する、親に対する喪礼を規準として、それを最高の弔意を表わすも
のとする。逆に言えば、最も親しいがゆえに、最も悲しむわけである。

そこで、親の喪礼の規定（礼制）が、こと細かに作られている。礼は形式で示されるから、
悲しみの表現を形式に表わすという具体化を行なう。原則は最高度の悲しみの表現であるか

第三章　儒教の成立

ら、平常の衣服を着ないで、悲しみで身辺のことなどには気を配らないことを表わす喪礼用の姿となる。例えば、父が亡くなると、遺子は縄のひもをつけた莒（牡麻）のはちまきをし腰帯をして、目の荒い粗末な衣服で、しかもすそを縫っていないで裁断したままのものを身につけ、裸足となる。或いは菅（茅の一種の植物）で作ったぞうりをはく。また、悲しんで身体がやせ、立っていることができないことを表わすために、竹の杖を突く。つまり、喪服（もふく）のルールに従う。

＊これを儒教嫌いの国学者、本居宣長は「食物をいたく減らしなどして、やせさらぼ（ば）ひて、ことさらにかほかたちをやつして、いみじげにうはべを見せたるがおほかりげに見ゆ」と批判している《『玉勝間』巻三「たちばな」》。

だから、子は上述のような最も粗末な（それは最高の悲しみを表わす）喪服姿となるが、遺族といっても、死者から遠い関係になるもの、例えば、死者の孫となると、遺子よりは、粗末でない喪服姿となる。すなわち、縄ではなくて布のひものついた冠をつけ、牡麻のはちまきをし、衣服のすそは縫ってあり、布の帯をし、麻なわ編みのくつをはく。そして杖を持たない。

こうした喪服の規定は、もちろん父と子との関係、祖父と孫との関係だけではなくて、いろいろなケース（例えば「父が健在で母が亡くなったとき」とか）にもあてはめている。また

若干の増減を行なう。例えば、夫が亡き妻のためにするときは、前述のような服装に加えて、桐の削り杖を突くというふうに。

つまり、死者と弔意を表わす血族との関係を、服装やその期間といった具体的な形で規定しているわけである。だから、血縁の関係或いは君臣の関係が遠くなるにつれて着装は平服に近く、喪に服する期間も短くなってゆくのである。

これが喪服の本来の意味である。だから、現代における葬儀のように、参会者のだれもが黒色の喪服姿というのは、儒教的でない。儒教流に言えば、遺族のみが喪服を着、死者と関係が遠くなってゆくのに比例して平服姿へと近づくべきものである。遺族と同じ喪服を身につけるということは、遺族の悲しみと同じということになり、死者や遺族に対して僭越ということになる。

因みに、この喪に服する期間の意識は、現代日本において今も生きている。それは学校や官庁・会社において認められている忌引という特別の休暇制度である。学校・官庁では、例えば親の死のときは七日間、兄弟や姉妹のときは三日間、三等親内（伯父叔母など）のときは一日の欠席・欠勤を出席・出勤扱いにしているが、それは儒教の喪制の考えかたに基づくものである。

このように、死→孝→（親の死の場合）→〔喪服などの〕喪礼→礼制というふうに、つながっているのである。礼制はあくまでも結果として整備されていったものである。

76

第三章　儒教の成立

因みに、この喪礼は君臣の間にも適用される。前述の、子が父のために行なう喪礼と同じスタイルで、諸侯が天子のために、或いは、臣（公・卿・大夫・士）がその君主のために行なうことになっている。

さて、こうした喪礼は、いったいだれが行なうのか、ということになる。もとより、遺族が行なう。ただし、古くは、個々の家で行なうのではなくて、血縁集団の当主である家（宗）を中心にして一族が集まって行なう。孔子前後のころの士の階層あたりの喪礼のことを記した文献（『儀礼』士喪礼）が今日残っているので、そのきまりから、いろいろなことが研究されている。

この文献に拠れば、喪礼の途中、夏祝とか商祝といった者が登場して、儀式を動かしている。「夏」とは夏の時代（西暦前二一〜十六世紀）のことであり、「商」とは殷の時代（西暦前十七ないし十六〜十一世紀半ば）のことである。殷王朝の次が、孔子の生きた周王朝である。

殷王朝については、すでに遺跡が確認されており、考古学的発掘も盛んであり、その時代は実在していた。その殷の前の王朝が夏である。現在、その遺跡は十分に確認されてはいないが、実在していたことは、推測ながらほぼまちがいない。「祝」とは日本語では「はふり」と読まれるが、要するに神につかえる宗教者である。中国では「巫祝（ふしゅく）」と呼ばれる神秘的祈禱者である。

原儒は、こうした巫祝の類であった。孔子のころは、殷王朝を受けついだ周王朝の時代で

(一) 原儒の時代

(二) 原始儒家の時代

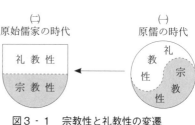

図3-1　宗教性と礼教性の変遷

あったが、喪礼の場合、古い習慣がまだ生きており、夏祝・商（殷）祝といわれる（夏の礼や殷の礼に詳しい）宗教者が取りしきっていたことを示している。念のために言えば、殷王朝は、滅んだあと、新王朝の周に仕える諸侯に格下げされ、宋という国となる。この宋国は、孔子の祖先は、この宋国の出身で、後に魯国に移住した。この宋国は、宗教色の濃かった殷王朝の雰囲気を伝えていた。

このように、喪礼は、遺族によって行なわれるものの、実質的には、巫祝——例えば原儒（葬儀業者）によって運営されていたと言うべきであろう。葬儀に職業的葬儀業者が深く関わるという事情は、今日においても変わっていない。

つまり、孔子の時代、礼制として喪礼はその家族が行なうものの、儒が喪礼の専門職として関わっていた。その意味で、儒において宗教性と礼教性とが密着していた。それ以前の原儒の時代では、さらにより密着していたと考える。そのことを図示したのが図3-1である。

原始儒家の時代の礼教性を角形にしているのは、原儒の時代に比べて、より整合化され、倫理道徳の色彩を帯びてきたことを表わす意味である。つまり、(一) から (二) へと連続しているものの、宗教性と礼教性とが分離する傾向が見られるということである。と言うの

第三章　儒教の成立

は、孔子は、儒を君子儒と小人儒とに分け、宗教性を中心とする小人儒ではなくて、礼教性を中心とする君子儒となることをめざしていたからである。そして、原始儒家の時代からやがて次の経学時代になると、この分離の傾向がいっそう激しくなってくるのである。

さて、孔子の孝にもどって言えば、孔子は、死への距離、延いては死の実感の根核となる父母の死について論じている。まず第一は、孔子は、死への距離、すなわち父母の年齢が重大な関心事となる。孔子は言う、「父母の年、知らざるべからず。一はすなわちもって喜び、一はすなわちもって懼る」(『論語』里仁篇)と。

また、死への距離を早めるものは病気である。孔子は、当然、父母の病気を憂える。孟武伯が孔子に「孝とは何ですか」とたずねたとき、こう答えている。「父母に〔対しては〕ただその〔すなわち父母の〕疾をこれ憂えよ」(『論語』為政篇)と。

＊この『論語』為政篇の文「父母唯其疾之憂」は「父母にはただその〔すなわち子の〕疾をしてこれ憂えしめよ」(子は父母に対して自分の病気のときだけ心配してもらうようにせよ。ほかのことで心配をかけてはいけない)という馬融(後漢時代の著名な儒者)の解釈(『論語集解』)や、「父母はただその疾をこれ憂う」(父母が子を愛する気持は十二分であり、子の病気のことをいちばん心配する)という朱子(十二世紀宋代の儒家哲学者)の解釈(『論語集注』)がある。しかし、清朝の劉宝楠『論語正義』が引く臧琳の『経義雑記』に拠れば、王充の『論衡』問孔篇や、『淮南子』説林篇の高誘の注では、「父の疾を憂うるは子、これを治すは医

79

なり」とか、「これを憂うるは子」とあり、父母の病気を憂うることを孝としているとする。この解釈が江戸時代の伊藤仁斎（一六二七〜一七〇五）の『論語古義』の解釈も同じである。この解釈がしぜんであり、これを採用する。

五　儒教の成立

孔子以前、原儒の時代があった。それはシャマニズムを基礎としており、孝という考えかたがあった。やがて孔子が登場、孝を生命論として自覚して統合してゆくなかで、儒教が成立してゆく。孔子より百年ほど後に登場した孟子という人は、孔子の思想史的位置づけを、孔子までの思想の「集大成」（『孟子』万章下篇）としたが、その評価は当っている。

原儒たちが表現しようにも表現できなかったシャマニズムの目的や、過去・現在・未来にわたる生命論としての孝を、孔子は分りやすく統合した。孝とは何か、という弟子の質問に対して、孔子はこう答えている。

生〔生きている親〕に〔対して〕は、これに事うるに礼をもってし、〔親の〕死に〔対して〕は、これを葬るに礼をもってし、〔忌日などに、祖先〕これを祭るに礼をもってす。

（『論語』為政篇）

第三章　儒教の成立

すなわち、死生の上に孝を置き、孝の上に礼を載せている。この礼が社会の規範（それを延長すると最後は政治理論となる）であることは言うまでもない。そして、その礼の規準の役割を果たしているのが、親の葬儀を中心にしている喪礼である。この喪礼に、原儒（夏祝・殷祝など）が関わっており、七八ページの図が示すように、上部の礼教性と下部の宗教性との境界はまだ分離していない。そのように原始儒家の時代は原儒時代に似て、礼教性と宗教性とが未分化である。

さて孔子は、この宗教性・礼教性の両者について懸命に説いたのであるが、宗教性の場合、一つの線を注意深く引いている。

原儒は、喪礼の仕事はもとより、いろいろな祈禱を行なっていた。しかし孔子は、喪礼の仕事が礼教性との関係で重要なので、もちろん認めるが、祈禱ごと、すなわちいわゆる「淫祠邪教」的行為にはあまり好意的でなかったのではないかと思われる。「子（孔子）は怪力・乱神を語げず」（『論語』述而篇）とはそのことであろう。

祖先を祭祀すること、祖霊を招き降ろすこと、延いては死霊を呼び死霊に祈ること、この三者は紙一重の差である。果して原儒にその区別ができていたのかどうか、疑問である。

こうした祈禱ごとは、「小人儒」（本書五九ページ）の仕事であっただろう。しかし、祖先の祭祀は、当主を中心として一族が行なう儀式としてしだいに定型化してゆき、かつてのよ

81

うな、おどろおどろしい、狂乱の招魂儀礼ではなくなってゆく。

孔子は純粋の原儒ではない。原儒（母）と農民（父）との間に生れた児である。祈禱的傾向の原儒の血と、家族中心的傾向の農民の血とが混血してせめぎあっている。そして孔子自身は、原儒の中でも、小人儒ではなくて君子儒をめざしてゆく。

加藤常賢『中国古代の宗教と思想』（ハーバード・燕京・同志社東方文化講座委員会・昭和二九年）は「小人儒とは平民儒で葬祭卜筮を行ふ儀礼儒であるに対し、君子儒は合理主義に立つ思想儒となった。この後者の伝統を継承したのが孔子と其教団であった。そして君子儒は同時に政治に干与することになつた」と述べる。原儒において、小人儒は組織の一員であり、君子儒は組織のリーダーである。君子儒は、知識分子であり、小人儒は祈禱技能者である。

ここに分裂の原因の一つがあった。君子儒も小人儒も礼楽をよく知っていたであろうが、君子儒のめざす礼楽は、典雅な芸術性や壮大な国典礼用、大礼用へと広がってゆく可能性があった。しかし、小人儒の礼楽は、古来からの、奇怪で、猥雑で、狂乱や恍惚を生む喚情的な土俗的なものであっただろう。孔子はしきりに「雅」を求める人物であり、小人儒の「野」や「猥」を嫌った。孔子は、主情的な小人儒を否定し、主知的な君子儒をめざしてゆくことになる。それは、儒の社会的地位を引きあげようとするものでもあった。

そのためには、儒の持つ教義や文化の再編成・再評価を行なう必要があった。例えば、儒家思想の代表として仁というものがある。一言で言えば、仁とは愛のことである。「仁愛」

82

第三章　儒教の成立

という一つの熟したことばさえある。儒学思想において仁と言えば、それは高い道徳として理解されている。『論語』には仁を説くことが多く、例えば、「仁者は己〔おのれ〕〔が〕立たんと欲せば、〔同じく他の〕人を立つ。己〔おのれ〕〔が〕達せんと欲せば、〔同じく他の〕人を達せしむ」（雍也篇）とか、「仁者は難きを先にして、〔成果を〕獲〔う〕るを後にす」（雍也篇）等々、行動の積極性が特長である。

では、この仁は孔子の独創であるかと言うとそうではなくて、仁自身は孔子以前から原儒においてあったのである。加藤常賢『中国古代の宗教と思想』（前引）は、こう説明する。

シャマンは、神と人とをつなぐ人間であり、神を呼んだり、人の祖霊を呼び帰すことができる。その際、いわゆる神懸〔かみがか〕りになり、神や霊のことばを述べる。しかし、そのとき、彼らが意識するしないは別として、周囲の人々に迎合する気持がないとは言いきれない。周囲の状況に合うように言うであろう。となると、「口柔面柔」（こうじゅうめんじゅう）（言いかたも顔つきもやわらか、いわゆる「お追従」の感じ）とならざるをえない。そういうふうな、他人の機嫌を取る態度の人間を「佞人」〔ねいじん〕と言ったと加藤は言う。よく分る説明である。

とすると、「佞」〔ねい〕とは、消極的な小さな「愛」とでもいうべきものであろう。「仁」と関わりが深い。すなわち「佞人」〔ねいじん〕は、「佞」〔ねい〕〔仁〕と「女」を合せた字）もこの「仁」と関わりが深い。すなわち「佞人」〔ねいじん〕は、「女性の仁人」ということになる。「佞」〔ねい〕とは、口先上手のお追従〔ついしょう〕、という意味で今日でも使われている。また後には、さらに「口先だけで、心が悪い」という意味にまでなってゆく。

83

しかし、孔子は、「仁」をそうした消極的な愛とするのではいけないとした。もっと積極的に他人を愛する在りかたでなくてはならないとしたのである。その議論が『論語』の中に充ち充ちている。弟子に「仁」とは何かと問われたとき、孔子は、はっきりと答えている、「人を愛す」（顔淵篇）と。自分からの積極的な愛であるから、他人が自分に対してどうかという心配もない。「仁者は憂えず」（憲問篇）。その仁は、主体的なものであるから、実行にためらいはない。「仁〔の実行〕に当りては、師に〔対して〕も譲らず」（衛霊公篇）。こうした仁の様子は、弟子たちに脈々と受け継がれてゆく。「力をつくして行なう」力行〔は〕仁に近し」（《中庸》）と。

孔子のころまで、消極的で他人との関わりの中での小さな愛だった仁を、孔子は積極的な他人への愛、他人に対して尽す愛に転換したのである。原儒の中にあった在りかたを積極化してなおかつ受け継いだわけである。それは自覚を通じて、思想化したと言えよう。そしてそれはまた原儒と一線を画するものであった。ただし、孔子は「仁」を重視したが、「佞」の方は振り捨ててゆく。或る人が、孔子の弟子の冉雍について「仁にして佞ならず」とけなした。「佞」（弁舌の才）でないと言って。すると孔子は、「いずくんぞ佞を用いん」と言って、「佞」を重視しなかった（《論語》公冶長篇）。

こうした孔子の唱える積極的な仁が、原儒たちの消極的な仁に基づいていたことは、孔子の言う仁にいろいろな形で反映されている。

84

第三章　儒教の成立

例えば、「知者は動、仁者は静」（『論語』雍也篇）、「仁者は、その言や訒ぶ（たゞしのぶ）」（『論語』顔淵篇）と言う。そして孔子以後の儒者の性質を表わしたことばを見ると、「温良は仁の本なり。敬慎は仁の地（下地）……」（『礼記』儒行篇）とある。これらは、静かで穏やかで慎しみ深いイメージである。

孔子の容子は、「温にして厲し。威あって猛からず（たけからず）」（『論語』述而篇）であったという。文（文飾）・質（質朴）という対比ではなくて、文官・武官といった対比で分けて言えば、文官のイメージである。事実、後世に、儒教的教養を身につけた文官（特に科挙出身者）が登場し中国社会を動かしてゆく。そしてそれが、中国文化の伝統となってゆくのである。

ところで一方、日本では、鎌倉時代から江戸時代にかけて政権を握ったのは武士階級、言わば武官である。この武官が文官向きの儒教的教養を身につけることになる。この点が、日中の儒教理解の相違の一つとなってゆく。例えば、孝よりも忠を重視するという傾向が見えてくる。

＊白川静に拠れば、「仁」字の古い形は「𡰪」で、人が敷物の上に座っている形とし、それによって暖かいという意味を表わすとする。この「暖か」が儒によって「愛する」へと転化していった。

さて孔子（或いは孔子学派）は、この仁を孝に結びつけたのである。「仁とは人なり」（『礼

85

図3・2　仁と孝の結びつき

仁

孝　（生命論）

（死の自覚）

死の不安や恐怖

倫理　←──招魂儀礼──→　シャマニズム
（祖先崇拝）　　　　（祖霊信仰）

記』中庸篇）と。この一句、実は難解である。「仁を行なう方法は、人々と親しみあうしかたにある」とか、「仁とは、人間のしぜんな感情である」とかと解釈されている。いずれにしても、それは、親しい者へ最も愛情を注ぎ、親しさの程度が低くなるにしたがって愛情も薄くなってゆくということだとする。そこで続けて「親（親しい者）に親しむを大となす」（同篇）と言う。

とすれば、仁愛の最高度は、親しい者への愛すなわち孝となる。孔子は言う、「孝・弟（弟とは悌のことで、年少の者が年長の者によく従うこと）は、仁の本なり」（『論語』学而篇）と。

そうすると、ここで、仁が孝〔悌〕に基礎づけられたことになる。これは重要なことである。図示すれば、図3－2のように階層化される。

そしてもう一つ重要なことが現われてくる。それは、宗教的儀礼（ここでは主として招魂儀礼）が、倫理的儀礼（社会的儀礼）へと移りゆくことである。祖霊をこの世に喚び招き寄せ、再び生を与える招魂儀礼が、祖先を崇拝し、その血を受け継ぐ現実の自分たち一族の団結の儀礼へと転化してゆく。宗教的儀礼が社会化されて倫理的儀礼となってゆく。

招魂儀礼は、奇怪な恍惚感と死者霊の再来という、おどろおどろしい恐怖感の混淆の内に

第三章　儒教の成立

行なわれるものであった。気絶する者、集団ヒステリーを起す者、泣き喚く者、それは狂乱の一場である。しかし、星移り時が運りゆくうちに、この招魂儀礼は形式として完成されてゆく。そして、親しさの度合い、程度の差によって、大小の規模、複雑なもの簡単なもの、いろいろな種類に分れてゆく。そして、祖先を祭ること、これはその一族——血縁共同体にとって、最も重要な儀式となる。

一方、中国では、孔子の生きていた周王朝の時代、宗法制といわれる制度があった。これは、大宗（本家）と小宗（分家）とに分れ、大宗の当主が小宗を率いる。大宗は永遠に不変であるが、小宗は、そのときの当主の兄弟が分家して作り、それぞれが小宗の当主となる。だから小宗はいくつもに分れてゆく当主が五代までを限って同族として、それ以後は、別のグループとする。この宗法制が、祖先の祭祀を強固にし一族を団結させてゆく。そういう社会的背景があった。

この祖先を祭祀する礼が祭礼である。この他、成人式の冠礼（成人となったので男児は冠をかぶり、女児は笄〈こうがい〉をさし、字という別名をもらう）、結婚式の昏礼、葬式の喪礼、そして、その他の雑礼がある。いわゆる冠昏喪祭（現代日本語では冠婚葬祭）の礼である。本書附録の『家礼図』略説を参照されたい。

これらは、もちろん、血で結ばれた一族の行事である。しかし、人間は血縁だけで生きているわけではない。地縁によっても結ばれている。特に、かつては農業社会である。

農業はまず第一にその地に定着して行なわれている。焼き畑農業のように動いてゆく型は別として、農業はふつう一定の場所において行なわれる。第二には、多数の人力による共同作業である。農業では季節とともに行なう仕事が一定しており、手順が分っているから、その仕事（例えば種まき）を行なうときは、集中的に行なう。人数が多ければ多いほど能率をあげる。機械製作や機械の運転といった順序を踏まねばならない工業は、人数の問題ではなくて、能力や技術が問題である。だから、灌漑用水路作りやその配分をはじめ、農業社会では、とりわけ共同の意識が必要である。血縁以外、地縁もまた重要である。孔子は言う、士（民の模範となる層）の条件の一つは、「宗族［がその人物の］孝を称め、郷党［郷里の人々がその人物の］弟（悌）を称む」（『論語』子路篇）ことだと。

このように、血縁共同体の礼（宗族）と地縁共同体（郷党）との両方の中で生きているわけであるから、血縁共同体の礼（冠婚葬祭）以外、地縁共同体の礼もまたある。もっとも、今日まで文献として残っているものはわずかである。例えば、士の階層あたりの礼を示す『儀礼』といった文献の中に残っているが、その中に、「郷射礼」（すぐれた人材の選抜のために行なう）・「郷飲酒礼」（すぐれた人材を君主に推薦し、その送別のために行なう）といったものがある。その他、『礼記』という文献の中に散見する。例えば、道路を歩くとき、男性は右側通行、女性は左側通行、車は中央とか（王制篇）、年長者のための座席では、西側が上席であり、そこに敷物を敷くと、北に向かって坐るのが礼である。同様に、東側に坐るときは

88

第三章　儒教の成立

南向き、南側にいるときは東向き、北側に坐るときは西向きに坐るのが礼であるとか（曲礼上篇）、隣りの家に葬式があるときには、臼を搗（つ）くとき（当時は、自分の家で精米などをしていた）、声を出し音頭（おんど）をとるということをしないし、里に殯（かりもがり）（まだ遺体を埋葬しないで棺（かん）に入れてあるとき）があるときは、歌を歌い歩かないとか（曲礼上篇）、喪（も）に服している者がいるとき、そのそばで腹いっぱいにものを食べないとか（檀弓（だんぐう）上篇）。

こうした礼は、地方によって異なっていたであろう。なぜなら、長い時間をかけて、しぜんにできあがっていった慣習だからである。儒たちは、この礼に詳しかったので、それを生かして職業としていたようである。中国哲学史家の馮友蘭（ふうゆうらん）は「いわゆる儒は知識・学問の専門家であり、民間に散在し、人々に教えたり礼を行なう必要あるときはその介添役（かいぞえ）となったりして生活をしていた」（原儒墨）と言う。

六　詩書礼楽

孔子（西暦前五五二～四七九）は、純粋の儒ではなかった。父は農民であり幼ないころ亡くなる。家計は彼の肩にかかり、足の不自由な兄と何人か数多くの姉と農業に精を出した。孔子の母は後妻であり、しかも原儒であった。孔子の母は別居し、孔子は異母兄や異母姉といっしょに暮したようである。不幸な生い立ちと言うべきであろう。

89

しかし、白川静が早く指摘するように、孔子は母のもとに通い、そこで教育を受けたのではないかと考える。さらにあえて臆測すれば、母の父親、すなわち外祖父あたりから可愛がられ、また俊敏な頭脳の孔子はよく理解できたのではなかろうか。少なくとも、孔子は、血縁共同体・地縁共同体で行なわれるクラスの礼はこなせたようである。それが彼の武器であった。だからこそ、なんの背景もなかったのに、二十代後半には、祖国である魯国の都の礼楽関係の役人として就職できたのであろう。しかし、所詮、彼の知っている礼は、小礼であった。

都で行なわれる大礼は習っていないから知らなかった。こういう話が伝わっている（『論語』八佾篇）。孔子が大廟（魯国の君主の初代である周公を祭るところ）に入ったとき、「事ごとに〔先輩に〕問う」た。そこで、或る人が、「たれか鄹人の子　礼を知ると謂えるか」と。鄹は孔子の生れ故郷の名である。あの鄹生れの田舎者め、礼を知っているとだれが言ったか、という軽侮のことばである。それに対して孔子は、誤りのないよう慎重に尋ねることこそ礼である、と答えているが、私にはどうもそうとは思えない。やはり本当に大礼を知らなかったと考える。おそらくそうしたことがあったからであろう、孔子は周王のいる王城の洛陽（周王の下に諸侯がおり、魯国はその諸侯の一つ）へ留学に行く。伝説的には、王室図書館の先生について学んだという。ともあれ、孔子は王城で勉学しなければ得られないようなもの、おそらく大礼などについて学んだと考える。「礼楽」というふうに、礼を行なうとき、音楽を演奏するので、同時に楽も孔子は学んだことであろう。孔子は音楽的天才であったか

90

第三章　儒教の成立

ら、その学習は容易であっただろう。

こうして、礼楽の一級の専門家となった孔子は、王城での留学で得た正統を意識すること

となる。孔子は礼や音楽についてそれを正した。また孔子は、同時に文献学者でもあった。

礼について、周王朝以前の殷王朝やそのまた前代の夏王朝の礼についても知っていた。

いや、孔子は礼だけではなくて、文献学者として、当時の人々にとって共通のテキストで

あった『詩』（いわゆる『詩経』）や『書』（いわゆる『書経』）についても、文献学的に整理し

統合したのである。それは非常に重要なこととなる。と言うのは、孔子の手を経て再編され

た『詩』『書』が、儒家内部の大切な教科書となってゆくこととなる。『詩』『書』は、本来、儒家用のものではな

儒教の教科書、いや教典となってゆくのである。やがて後には、『詩』『書』は、本来、儒家用のものではな

く、知識人ならだれでも読んでいたのであるが。

このように、孔子は、① philosophy（哲学）のみならず、② philology（文献学）について
　　　　　　　　　　　フィロソフィ　　　　　　　　　　　　　　　　　フィロロジー

も、大きな仕事をしたのである。そして孔子以後、弟子たちはこの二つの領域の傾向をそれ

ぞれ大きく別個に受けついでゆくこととなる。

　① 哲学の領域としては、孔子の直弟子の曽子や、孔子から百年ほど後の孟子（西暦前三八
　　　　　　　　　　　　　　　　　　　　　　そうし

五？〜三〇五？）らが登場する。② 文献学の領域としては、孔子の直弟子の子夏や、孟子の

すこしあとの荀子（西暦前三三五？〜二五五？）らが登場する。
　　　　　　　　　じゅんし

philosophy（哲学）と philology（文献学）と──この両者の対立や相互批判の緊張関係は、
フィロソフィ　　　　　　フィロロジー

91

世界のどの哲学史においてもよく見られる。中国哲学史もまたその例外ではない。儒教内部にその典型が見られる。例えば、西暦前三世紀から西暦一世紀にかけての漢代では、今文派（歴史哲学的傾向の『春秋公羊伝』派らが中心）と古文派（歴史主義的文献学的傾向の『春秋左氏伝』派らが中心）とが対立する。或いは、十五、十六世紀の陽明学派（思惟を重視）と十七～十九世紀の考証学派（文献研究を重視）との対照的な方法の差がある。

その意味では、孔子において、すでに後の〈哲学と文献学と〉との関係に関わる源があったと言うことができる。

だから、孔子が『詩』『書』、礼・楽を教えるとき、二つの面があった。一つは、まず事実の伝達である。『詩』『書』の言語的な意味や、礼・楽の実際の行ないかたである。いわゆる知識である。文献や事実に基づく教育である。知育とでも言うべきであろうか。

しかしもう一つの面があった。それは、右のような『詩』『書』の〈事実〉の持つ思想的な意味や、礼・楽を行なう目的の意味についてである。それは、人間がこの社会に生きてあることとの関係である。それを突きつめれば、人間の生きかたの教育である。徳育とでも言うべきであろうか。

孔子は知育に比べてこの徳育を重んじ、こう言っている。「礼と云い礼と云う。玉帛を云わんや。楽と云い楽と云う、鐘鼓を云わんや」（『論語』陽貨篇）と。このことばは、こうい
う意味である。礼と言えば、供えものの玉や帛（絹）の数がどうとか、どのように置くかと

第三章　儒教の成立

か、といったことに関心を持ち、形式に流れやすいが、そういうことだけを指すのではない。

楽の場合も鐘鼓などを使う演奏のしかたをあれこれ細かく知りたがるが、楽はそういうこと

だけが目的なのではない。

『詩』の場合、その内容を通じて「鳥獣草木の名を識る」（『論語』陽貨篇）ことができ、知

識を広げることができるが、孔子はそこにとどまることを良しとしなかった。孔子は、『詩』

のことばの意味を現実の生活の中で起こった事情を統括するために活かして使えるほど理解し

ているかどうかを、『論語』の中でよく問うている。おそらく『書』についても同じ立場で

あっただろう。孔子にとっては、『詩』『書』について物知りになるだけではだめであって、

人間生活において『詩』『書』がどのように解釈されて生きた姿を取ってくるのかが問題で

あった。言わば、『詩』『書』の文字を読むのではなくて、その心（本質や意図など）を読め、

ということであった。

儒家では、伝統的に、「記問の学、もって人の師たるに足らず」（『礼記』学記篇）という立

場である。「記問の学」とは、出典や文字面の上で分らないところがあると、立ちどころに

それに答えることのできる学問（そしてそれができる学者）という意味である。言わば「生き

字引」ということである。しかしそれは、人間にとって本当の師匠ではないという意味であ

る。今日流に比喩的に言えば、コンピュータの辞書やそれによる検索は多くの情報を提供し

てくれるので「記問の学」ということであろう。しかし、「コンピュータは、人の師たるに

93

足らず」。

＊私は、前に紹介した『論語 全訳注』において、君子を教養人、小人を知識人と訳した。『論語』に現われる君子・小人は、シャマンを指す場合もあるが、その大半は官僚予備軍（孔子の推薦によって為政者として就職した）として孔子の下に学びに来た人々である。それら弟子に対して、孔子は、小人（知識人）であってはならない、君子（教養人。知識人プラス徳性豊かな人）であれ、と求め続けたのである。

それでは、『詩』『書』、礼・楽について、孔子はどのような意味づけをしていたのであろうか。

直接に、それを述べたことばはない。しかし、礼については〈敬〉（つつしむ）であるとか、〈和〉であるとか、〈譲〉（ゆずる）であるとか、〈倹〉（つつましくする）であるとか、そのありかたについて説いている。こうした捉えかたが、後に例えば『礼記』（礼について学んだことのノートという意味の本で儒教の重要文献）に、詳しく展開されている。礼・楽は、本来、実際に行なうものであるが、孔子の後には、礼・楽、特に礼は儒教倫理の立場を明確にしてゆくことになり、礼学が成立してゆく。なお、楽（音楽）についても文献があったらしいが、今は失なわれており、『礼記』の中に「楽記篇」などが残っているにすぎない。

一方、『詩』もそれまでたくさんあった材料を再編集し、孔子は三百余篇に整理して、こ

94

第三章　儒教の成立

う言っている。「詩三百、一言もってこれを蔽う（概括する）。思い邪なし」（『論語』為政篇）と。これは、『詩』の詩に作者の或る意図を認めようとする立場であったことを表わしている。文学作品の持つ深層の意味や象徴性を掬いあげている。この立場は、下手をすれば、単に道徳的評価が先走ってしまうことになるが〔事実、孔子以後においてそうなったりもしたが〕、作品の心（意図）を読もうとするものである。

そうなれば、当然、解釈の相違というものが出てくる。孔子以後、『詩』を回り、解釈の異なる学派が儒家の中に出てきて、おたがい論争しあうことにもなる。それはともかく、『詩』の心を読む解釈学として、詩学が成立してゆく。

同じく、『書』についても、その心を読む解釈学として書学が成立してゆくが、『書』の場合は、その成立について非常に複雑な経緯があるので、実は簡単ではない。しかもそれは専門的な話となるので省略する。

さて、このように、『詩』の詩学、『書』の書学、礼・楽の礼学（楽も含めて）が成立しはじめてゆくと言えば、『易』や『左伝』（春秋左氏伝）といった儒教の教典はどうなっているのか、という質問が出そうである。それについて答えるならば、今はさしあたり、孔子のころは、『易』と儒家とは関係が少なかったとだけ述べておこう。『易』が儒家と深く関わってくるのは、もっと後のことである。また、『左伝』などについては、後で述べることにする。

95

七　学校と官僚層の教養と

孔子の時代は、周王が統括する周王朝の時代（西暦前一一〇〇～前二五六年）であった。この周王の下に諸侯がいて、各地を独立的に統治していた。もちろん、周王自身も直轄の領地を持って統治していた。諸侯のスケールは大小さまざまであり、格づけ（公爵・侯爵・伯爵・子爵・男爵の階層）もあったが、周王の下という意味では同格であった。

領地の収益の中心は、もちろん農産品である。その徴税を始めとして、行政の官僚が必要であった。しかし、官僚はただ徴税ということだけのためではない。官僚に対してその任務における精神的位置づけが行なわれていたのである。

すなわち、「君（君主）は臣を使うに礼をもってし、臣は君に事うるに忠（まごころ）をもってす」（『論語』八佾篇）と、君臣の関係に礼を充てているのである。もし礼に適っていなければこうなる。「君の臣を視ること犬馬のごとく〔粗末に扱う〕なれば、臣の君を視ること国人（道ばたの通行人）のごとし。君の臣を視ること土芥（ごみ）のごとくんば、臣の君を視ること寇讎（仇かたき）のごとし」（『孟子』離婁下篇）。

このころ、君臣の関係は割合に離れやすかった。ことわざに「臣一主二」（『左伝』昭公十三年。「臣は一人だが、君主は二人」）というものがあったらしい。「臣は君と合わなければそ

第三章　儒教の成立

こを去って別の〔すなわち二人目の〕君主を求める」という意味である。

もちろん、有能な人材が求められていたのではあるが、礼に寄って結ばれるという精神的位置づけがあったのである。「賢君は必ず恭倹にして下に礼あり」（『孟子』滕文公上篇）と孟子は主張している。この「下」とは、一般の人々という意味である。

このように、家族関係の冠婚葬祭という小礼だけではなくて、政治という最も大きな社会的関係にも礼を求めるのが儒家である。あらゆる人間関係、人間生活に礼の徹底ということを主張し、極端な場合は、死に当たっても礼が出てくる。例えば、孔子の高弟である子路の場合、反乱軍に襲われ、戈で撃たれ致命傷となった。そのとき冠の紐が切れた。すると子路は「君子は死ぬときでも冠は落さないのだ」と言って、紐を結んで礼法どおり冠をかぶって死んだ（『左伝』哀公十五年）。いや、殺されるときだけではない。殺すときにも礼がある。楚国が呉国と戦って勝ったとき、楚軍の商陽という人間はあわれみ深い心の持主であり、敗走する呉軍の敗兵を殺すに忍びなかった。三人まで射殺したところで、私のような低い身分では敵を多く殺して己れのてがらとしないと言った。この話を聞いた孔子は、「人を殺すの中、また礼あり」（『礼記』檀弓下篇・『左伝』哀公十二年）と言っている。

このように、基本的には、官僚は礼を心得ていなければならなかったのである。例えば、項羽（漢王朝をない。建てた劉邦と争って敗れた将軍）などは、若いとき、書物を学んでも剣を学んでも上達せず、文字の読み書きができなければならなかった。もちろん、礼だけでは

97

個人の力量はなかったが、集団を率いる兵法を教わると喜んで学んだという話がある（『史記』項羽本紀）。けれども項羽の場合などは、代々、楚国の将軍の家に生れたからこそ、万人を相手とする兵法を学ぶことでよかったが、一般の官僚はそうではなかった。

しかし、文字を知っているだけでは、下級役人で終るしかない。指導的な行政官僚すなわち為政者になろうとすれば、書物を読みこなす教養人でなくてはならなかった。その最高の書が、例えば『詩』であり『書』であった。しかも十分にこなせて、それらを適宜に使うことができなくてはならなかったのである。行政の実際においても、外交官となって、他国へ赴いても、それが必要となる。「詩三百を誦すれども、これ（その人物）に授くるに政をもってして（行政を担当させて）達せず（十分でない）。或いは四方〔の国〕に使つかいして、専対する（自分で対応する）能わずんば、〔詩の暗誦が〕多しといえども、またなにをかなさん」（『論語』子路篇）。これは『詩』だけではなくて『書』についてもまたそうであっただろう。『書』は中国の歴代王朝の重要なできごとを記した歴史書であるから、なおさらであっただろう。

このように、上級の行政官僚になろうとすれば、『詩』『書』、礼・楽は、必修の教養であったのである。当時、そういった行政官僚の教養科目として六芸りくげいというものがあったとも言われている。六芸とは、礼・楽・射・御（馬車の御しかた）・書（書法）・数（算数）である。

孔子は儒家であるから、とりわけ礼・楽と、重要な文献の『詩』『書』を重視したのであろ

98

第三章　儒教の成立

う。しかもそれらは孔子の得意とするところであった。

そこで孔子は、行政官僚層を養成する塾を開き、教師となったのである。当時の塾は単な
る学校ではない。学校に集まる弟子は、行政官僚の予備軍であり、学校は高等教育をする場
所であり、政治的意見を主張する機関であり、師と弟子とが熱い共同体的関係で結ばれた党
派でもあった。今日流に言えば、官僚養成所、大学、ジャーナリズム、政党をミックスした
ような集団であり、大きな塾は社会的勢力を持っていたのである。

例えば、魯国の都において、孔子塾に対して、少正卯という人物の塾も相当な勢力があ
ったらしい。孔子にとってライバルである。だから、孔子は五十歳をすぎて魯国の閣僚とな
ったとき、ライバルの少正卯をただちに暗殺している。おそらく少正卯の塾を解体するため
であっただろう。

孔子は、こうして、政治上の諸意見や理論を数多く発言してゆく。もちろん、この政治論
は家族論の上に作られたものである。ただし、それはまだ粗大であり、次の経学時代になっ
て、より精密になってゆく。

このようにして、儒教思想や儒教理論の体系がしだいにできあがっていったのである。原
儒時代と異なり、体系性を持ってきたことが重要である。シャマニズムを単なる祈禱段階に
とどめず、それを思想化して現実の社会に適応する理論を作っていったのは、おそらく、世
界で儒教だけであり、原儒から儒教へと、その成立を推進した中心人物が孔子であった。

99

八　道徳と法と

孔子の死後、弟子は分散する。そしていくつかの地域で根を下してゆく。この地域分派や、孔子の説を受け継ぐ人の個性によって、しだいに孔子の教説やテキストの解釈に違いを生み出してゆく。これは当然のことであって、なんら不思議なことではない。その分派の中で、際立ったのが孟子（前三八五？〜前三〇五？）と荀子（前三三五〜前二五五？）とであった。

ふつう、孔子の弟子の内、（一）心の内省や礼の内容・目的を重んじた実践派・哲学派であった、曽子の系統から、後に孟子が登場し、（二）知識や礼の形式を重んじた文献派・学術派であった子夏の系統から、後に荀子が登場したと言われる。その結果、孟子は人間の心にある良心を根拠にして、性（人間が生れつき備えているもの）は善であると主張した。いわゆる性善説という倫理学説である。これに対して、荀子は、人間の心は善とは限っていないとして、良心という自律的なものではなくて、礼に従うという他律的なものによって、しだいに善にしていこうという考えかたをした。いわゆる性悪説という倫理学説である。

孔子に由って原儒を脱皮して儒教が成立してからは、君子儒（知識儒と言っておこう）は、孝を基礎とする家族理論、その上に立つ政治理論について思考を進めてゆく。もちろん、同時に、小人儒（祈禱儒と言っておこう）が広く民間にあって活動していたことは言うまでも

100

第三章　儒教の成立

ない。言わば並行していた。しかし、祈禱儒たちに、理論の展開はない。狂乱の祈禱や、葬儀・小さな諸儀礼の業者として生計を立てていて、その行為はくりかえしのワンパターンに近い。しかし、彼らはしぶとく生き残ってゆく。けっして消滅しなかった。やがては、方士とか、術士とかといった、いわゆる怪しげな〈淫祠邪教〉的な人々と混淆してゆく。

ただし、そういう小人儒という実務者を底に置きながらも、孔子においてしだいに「小人」という概念が生れてきたと私は考えている。すなわち、まず大きくは、為政者（君主を頂点とする官僚群）と民（農工商）とに分れる。その為政者には、世襲者と一般人とがいる。一般人出身者は、例えば孔子塾などで勉学し、孔子の推薦を得て官（士）となる。孔子塾のような有名な学校には全国から多くの志を抱いた学生が集まってきた。

孔子はそれら学生を二分した。君子と小人とである。そのルーツが原儒であることは言うまでもないが概念は異なる。官となるには多くの知識が必要であるが、その知識だけではある者を、孔子は小人とした。その「小人」を私は〈知識人〉と訳している。一方、知識に加えて道徳性を高めようとする者がいた。もちろん、これが孔子のめざす人間像である。この知識・徳性の両方を身につけようとする者を孔子は君子とした。その「君子」を私は〈教養人〉と訳している。

さて、孔子以後、儒教の倫理学説が深められてゆく。儒教と言えば、倫理という概念がほとんど同時に重なるのがふつうであるが、その理由の一つは、孔子以後の知識儒と祈禱儒と

101

の分れかたや、為政者における君子と小人との落差が、かなりはっきりとしている点にある。特に、孟子や荀子によって、現実の政治をどうするのかという政治思想や、為政者のありかたが深められた。そしてついに、倫理的には性善説と性悪説との対立、さらにそれぞれのその倫理的立場に立つ政治思想として、儒家の徳治政治と法家の法治政治という大きな対立へと発展してゆく。この法家とは、荀子の弟子であった韓非子（前二七五？～二三四？）を代表とする学派である。この両者の対立の真相を見ると、儒家の倫理思想というものがよく見えてくる。それはどのようなものであるのか。

その答として、中国哲学史の通俗的教科書は、よく次のように書いている。

儒家は徳治政治を、法家は法治政治をそれぞれ主張した。徳治とは道徳による政治であり、法治とは法律による政治である。道徳による政治のほうが、法律による政治よりも勝れているのだが、秦の始皇帝は法治政治を行ない、道徳政治を唱えた儒者を弾圧（例えば焚書坑儒のように）した。そういう苛酷な悪政を行なったので、秦王朝はわずか二十年ほどで滅亡し、漢王朝が登場した。この漢王朝は儒教を重んじたので成功した。以後、王朝は何度も交替してゆくものの、儒教による政治が中国の政治の本流となった、と。

だいたい右のような筋である。しかし、この話、よく分らない説明である。徳治とは具体的にはいったいどういうことなのだろうか。また、その道徳とはいったいどういう意味なのであろうか。そのあたりの十分な説明に乏しい。

102

第三章　儒教の成立

道徳には二種類がある、とする考え方がふつうである。一つは、普遍的なものである。例えば、人を殺さないとか、人の物を盗まないとかといったもので、古今東西を通じて、人々が納得するものである。絶対的道徳と言ってもよい。いま一つは、その時代その社会に適合したものである。例えば、奴隷制の時代では、主人に絶対的に服従するとか、社会主義国家では、私利の追求を禁ずるとか、といったものである。しかし、これらは時代や地域や社会の構造などによって正しかったり正しくなかったりする。相対的道徳と言ってもよい。

だから、道徳と言うとき、前者は不変であるが、後者は時代や社会の変化に応じて変化する。この二種類において、前者は不変であるが、後者は時代や社会の変化に応じて変化する。

だから、道徳と言うとき、それがいったいどういう種類を指しているのか、まず確かめなくてはならない。例えば現代では、夫が妻以外の女性に子どもを産ませることは不道徳である。のみならず、法的にも誤った行為とされる。しかし前近代の東北アジアにおいては、男系を優先するから、男子を産めなかった妻以外の女性に男子を産ませることは、儒教的には、不道徳どころか、むしろ道徳的だったのである。例えば、内村鑑三が『余は如何にして基督信徒となりし乎』（本書三一ページ）において、「蓄妾の風は、その道徳家（加地注…儒教道徳家）から非難といっても、もっとも温和な非難をこうむったにすぎない」と言うのは、男女二人の結びつきを重視するキリスト教的結婚観に基づく道徳を不変のものとしか考えていないからである。

さて、始皇帝が登場してきたころを見てみると、社会に大きな変動があった。それは、周

103

王朝時代、それぞれ独立していた諸侯の国がしだいに統合され、戦国時代にそれが極致に達し、ついに秦王朝が成立することとなる。つまり、諸侯が領有していた諸国家が統合されて、一つの大国家、大帝国に成っていったのである。

秦王朝は、周王朝と異なり、強力な中央集権制国家であった。前代の「封建」制を廃止して、全国を郡・県というブロックに再編成し、その長官クラスは中央政府の任命とした。いわゆる「郡県」制である。封建制から郡県制へ、大づかみに比喩的に言いかえれば、地方独立自治制から中央管理集権制へという変革である。もちろん、この中央管理集権制は、近代国家の中央集権制とは異なる。なぜなら近代国家は、個人・核家族を基礎として、その上に成り立っているのに反して、郡県制という中央集権制は、家族（それも核家族ではなくて、一族という、同姓のもとに集まる共同体）を基礎にして成り立っている。だから、郡県制中央集権国家と近代的中央集権国家とは、疑似的ではあるが実際は異なる。ともあれ、秦王朝建設は大変革である。まず多くの人々との交流がある。交通が発達する。物資の交換が量的に増える。となると、制度・習慣といった個別性の強いものまでが、共通するものを求めるようになってくる。通貨・道路幅・文字・度量衡といったものは、ばらばらでは不自由である。当然、共通するものを求めてくるようになる。

これに反し、周王朝時代の諸侯の国ではどうであったか。それが独立的であるから、当然、習俗・慣習は異なっていた。しかも、諸侯の国それぞれは各種各様の規模であった。

104

第三章　儒教の成立

大国もあれば小国もあった。いや、ミニ国家もあったのである。それらは共同体であり、近代国家のように、個人を基礎にして社会を作り、その組織で組み立てられた国家とは様相を異にしている。

共同体としての国家——そういう国家では、領民は領主の姿を直接見ることができるし、同じ国内の話は口から口へとすぐみなに伝わる。こうした共同体の基礎は農業である。農業は、よほどのことがないかぎり一定の生活である。天候は気になるが、それ以外は、四時の移り変わりに応じながら、定まった農作業を進めればそれですむ。技術革新などほとんどなかったし、仮にあったとしても、かつてのそれは、革新ではなくてゆるやかな改良程度のものである。

となると、いわゆる年中行事があり、その行事はくりかえし行なわれるので、見習うべきは先輩の知恵や知識となる。こういうことから、年中行事の諸儀式や知識に熟達した長老が重んじられる。すると、いわゆる長幼の序という慣習がしぜんと成り立つ。「郷党〔におい　こうそんちゅう ては〕歯（年齢）にしくはなし（年齢が最も尊ばれる）」『孟子』公孫丑下篇）と。

このような儀礼に熟達した年長者への尊敬が、一つの指導者像を生み出す。すなわち共同体道徳の体現者、熟達者への敬意である。儒教はそれを取りこんでいる。儒教における聖人すなわち理想としての人間とは、だいたいにおいて、共同体儀礼の熟達者、共同体道徳の最高体現者のことである。儒教が「道徳による政治」とか「徳治」とかというのは、こうした

聖人を指導者として、人々がその聖人の言動を模倣することであった。

この聖人は、例えば尭・舜といった伝統的な王を指すが、人間である。神仏ではない。だから同じ人間であるわれわれもしっかりと模倣することによって聖人の境地に達することができるとする。「尭舜も人と同じきのみ」（『孟子』離婁下篇）と。これは、キリスト教と決定的に異なるところである。キリスト教信者がその崇めている唯一神と同格になることは絶対にありえない。それどころか、そのようなことを考えることすら神への冒瀆である。神と人間とは完全に異なるから、「神に成ること」すなわち成神はない。一方、仏教ともへだたりがある。仏教では、人間は仏になりうる可能性を認めているが、仏と成るのは、本来、容易ではない。相当な努力が必要であり、輪廻転生を何度もくりかえした長い長い時間の中で努力して覚りを得て解脱して、やっと可能である。だから仏と成ること、すなわち成仏の可能性はある。それで成仏したことにしているのは、仏教本来の精神から異なるものである。今日のように、葬式の前に金銭を支払ってインスタントに戒名や法名をいただき、それで成仏したことにしているのは、仏教本来の精神から異なるものである。

これに反して、儒教においてあえて言うとすれば、「聖人になること」すなわち成聖——こういうことばは使われず、言うなれば「作聖（聖と作る）」（『書経』洪範篇）——は可能であるどころか、目標となっているのである。聖人とは、人間のみずからの努力によって成りうる理想像であって超人ではない。この努力の具体的な方法は、儒家の言う倫理——例えば孝・悌（長上者への敬意）・仁・義・礼……といったものを、その身において実践し完成する

106

第三章　儒教の成立

ことであった。

　しかし、そうした倫理の基盤であった共同体が、戦国期から中央集権的な秦帝国の成立に

かけて揺らいでゆく。家族のようなミニ共同体や、郷里のような小共同体はそのままではあ

っても、すべて一つの帝国へと向かっていったのであるから、諸侯の国家のような大共同体は

叩きつぶされ、一定地域の中心のような中共同体もしだいに自治独立が困難になってゆく方

向にあったのである。

　そこで、崩壊してゆく大・中の共同体を新たに統括するものとして、儒教的共同体道徳に

代わる新しい観念が求められるようになる。そのためにいろいろな考えが登場したが、最も

的確にそれに応じた観念が〈法〉重視だったのであり、それを推し進めたのが法家だったの

である。それはどういうものであったか。

　徳治とは、文字どおりに言えば、道徳による政治ということになる。しかし、前述のよう

に、それは主として共同体の道徳（慣習・習俗）に従うという意味である。しかし、世には

いろいろな人間がいる。こうした習俗・慣習に従わない者が必ずいる。とすれば、当然、罰

を加えることになる。つまり、道徳が上にあり、それに従わない者に対して法的懲罰を加え

るわけである。徳治にも法治がもちろん必要なのである。ただし、法治が不要になるよう徳

治を図ってゆくとする考えかたであった。

　この点が重要である。　中国哲学史の通俗的教科書では、徳治と法治とは対立するものとい

うような図式をもって論述しているものが多いが、それは大きな誤りである。いや、中国哲学の専門的研究者のなかにもそういった誤解を犯すものがいる。道徳と法を対立して考えるのは、例えばカント流の〈良心に依る道徳〉と〈強制に依る法〉といった欧米的観念である。儒教としては、徳治と言っても法治と言っても、割合の問題なのである。百パーセントの徳治はまずない。割合なのであるから、徳治が九十パーセントなら法治は十パーセント、というふうに、割合は変動する。同じ例を言えば、陰・陽がそうである。陰と陽とは対立して、あれかこれかではなくて、割合なのである。しかもその割合は絶えず変化する。欧米思想では、陰と陽とは、あれかこれかという二者択一として考えるので、考えかたが根本的に異なる。

法とは、共通の処罰規則である。これがなくては組織の秩序は保てない。徳治を説く儒家も法治を重んずるのである。例えば、『論語』里仁篇に次のようなことばがある。「子曰く、君子は徳を懐い、小人は土（安楽な生活）を懐う。君子は刑を懐い、小人は恵を懐う」と。

右の文中の「刑」は、礼法や法則と解釈するのが通解であるが、しかし、文字どおり「刑罰」そして法律と解釈することも可能である。

＊六世紀の重要な『論語』注釈家、皇侃は「人君がもし道徳で人民を導くことを行なえば、人民は安心してその住まい（土）にそのまま居つく。もし人君が〈法〉をもって行政に当たれば、人民はそのつらさに堪えられず、恩恵を受けたいと思う」と述べる。すなわち「刑」を「法・罰」

108

第三章　儒教の成立

「法則」と解している。

また、法家も道徳を必ずしも無視しているわけではない。とすると、いったいどこがどう
違うのであるか。

くりかえし言えば、共同体の秩序の場合、道徳（特に習俗・慣習）が最高規範である。し
かし、違反者には法的処罰を与える。もし処罰を加えないで、まるまる徳治するというので
あれば、犯罪者を教育し、道徳を徹底的に理解させるしかないが、儒家はそのような教条主
義者ではない。孔子は「訟（訴訟）を聴く〔そして判決を与える〕こと、吾なお人（他の官
僚）のごとくなり」（『論語』顔淵篇）と述べる。しかし、理想としては、徳治によって道徳
教育を徹底し、そういう訴訟ごとのないような行政にしたい（「必ずや訟なからしめん」）と孔
子は言うのである。では、どういう判決を行なうのか。

共同体組織の場合、犯罪に対する処罰は、だいたいにおいて慣習法に依る。慣習法は文章
化されていないが、もとよりりっぱに法である。盗み、放火、殺人といった重大な犯罪は大
昔から存在しており、その処罰の量刑はみながだいたい呑みこんでいる。ただ、共同体の場
合、その量刑に情状が考慮される。だから、ときには盗みを行なった者を死刑にすることも
あり、また逆に、ときには殺人者に軽い刑を与えることもある。

しかし、犯罪に対して加える罰の量をあらかじめ法として文章化すること、すなわち罪刑

109

法定主義に基づくとすれば、量刑の限度がはっきりとしていて、みながあらかじめそれを知ることになる。例えば、日本の現在の刑法では、窃盗に対する罰は「十年以下の懲役」となっているから、日本における窃盗者は、最高十年の懲役を科せられることはあっても、絶対に死刑にはならないのである。或る意味では、殺されはしないと安心して窃盗ができるという皮肉な話となる。

孔子はそこを突いた。罪刑法定主義であるならば、その法網にひっかかりさえしなければいいというわけで、かえってどんな悪事でも起こしかねない、と。「これ（人民）を道（導）くに政（法制）をもってし、〔また〕これを道くに刑（刑罰）をもってすれば、民〔はその法網を〕免れて〔行動し、その範囲内でどんなことをしても〕恥ずることなし」（『論語』為政篇）。

ところが、法家は罪刑法定主義すなわち成文法を基礎としたのである。

歴史的に言えば、周王朝の前代の殷王朝並びにその前代の夏王朝において、それぞれすでに成文法（夏の禹刑、殷の湯刑、周の九刑）があったとされる（『左伝』昭公六年）。しかし、成文法として公布したのは、西暦前五三六年、鄭国の宰相であった子産が刑法を鼎に彫りつけたこととされる（『左伝』の同個所）。さらにその後、晋国においても刑鼎（成文法）が登場した（『左伝』昭公二十九年）。それを孔子は厳しく批判し、晋国は滅びるだろうと言ったと伝えている。

つまり法家は、厳しい自己規制の必要な道徳を第一とするのではなくて、成文法を示し、

110

第三章　儒教の成立

守るべきものをはっきりとさせようとしたのである。　　図示すればこうである。

儒家→道徳第一（共同体的）→慣習法重視→徳治

法家→法律第一（中央集権的）→成文法重視→法治

これが法治や徳治と言われるものの真相である。法家が登場するはるか以前から、法律が道徳とともに古くからその一部として併存してきていたことは言うまでもない。中国では、急速にそのただその地位が道徳よりも低かったのであるが、大国家を形成してゆく過程で、地位が上がり、ついには道徳の上位にまでのしあがってきたのが、秦の始皇帝の時代であり、それを推進したのが韓非子ら法家であった。

周知のように、近・現代国家は、成文法（罪刑法定主義）に基づく法治国家である。それは共同体の崩壊度に比例する。いわゆる近・現代国家化とは、共同体をできるかぎりつぶして、個人単位にし、その個人の上に国家を載せようとするものである。

現在、中国大陸において、依然として罪刑法定主義が定着していない。また、成文法による近代的法治国家となっていないのは、共産党内の権力構造の中で生じている派閥という共法律の上に、共産党一党支配という〈政治〉が存在しているからである。その大きな理由は、同体が相当程度の規模で生きていることを意味する。そのため、一罰百戒的に、窃盗犯でも、ときには見せしめとして死刑にしたりしている。形式的には社会主義国家と言っているけれども、実質は依然として派閥利益共同体の集合であって、およそ近代的法治国家とは縁

111

が遠く、共産党というお上が支配する封建時代風であるのが実情である。もちろん、共産党が政権を担当する根拠は、中華人民共和国憲法であり、国民の選挙といった方式に拠る正当性ではない。この憲法に拠るかぎり共産党の政治は続く。当然、共産党が政権を担当することを改め、国民投票によって政権担当政党を選ぶとする憲法改正などを共産党みずからがすることはありえない。ソ連はみずから解体したが。中国大陸はソ連を「社会帝国主義」と名づけて批判したが、同じ論法で言うならば、中国大陸は「社会封建主義」とでも言うべきであろう。

九　反儒教の老荘

人間は矛盾した生物である。騒ぎたいときもあれば、静かにしていたいときもある。名誉や地位や財産を得たいとも思うし、清貧で無名のままでいたいとすることもある。相い反するさまざまな気持や考えが、雑居している。

だから行動は一定していない。朝は楽観的で、昼は勤勉に働き、疲れの出てくる夕方ごろは厭世的となるものの、一日の仕事が終れば、夜は快楽的となる。これが凡人の日常生活である。なぜそうなるのかと言えば、思想がないからである。思想があるということは、或る確固とした考えがあり、その考えに基づいて行動するから一貫性があることになる。厭世主

第三章　儒教の成立

義者は、朝起きたときから一日中、厭世的なのである。人間は利己的な動物であるという思想を持つ者は（例えば韓非子）、朝から晩まで、すべてをそういう眼で見ることとなる。それが思想を持つ者の宿命である。凡人は確固とした考えなどないから、いつもくるくるとその場の場で気分や考えを変える気楽な人生となる。

さて、儒家思想を基礎づけた孔子は、当然、思想を持っていた。それは、一言で言えば、常識の肯定である。

例えば、すでに述べてきたように、「愛する」というとき、己れに最も親しい人間、すなわち親を愛するという常識を第一とする。すると、「死を悲しむ」と言うとき、無関係な人間の死を悲しめるはずがない、もし悲しむとすれば、偽りだとし、己れに親しい人間の死を悲しむ、という常識を第一とする。

しかし、孔子は、人間は社会的生物であるという常識ももちろん肯定するから、その愛情や悲しみを〈形として〉表わし、共通の規則或いは慣行として守ろうとした。すなわち〈礼〉がその具体的表現である。儒教とは、人間の常識を形として（大小や数量など）表現することでもある。そして、この礼を守ることによって社会の秩序が成り立つと考えた。

もちろん、礼は単なる形式ではない。本来は真情の真摯な表現である。孔子は「礼と云い、礼と言わんや。玉帛を云わんや」（『論語』陽貨篇）と述べる。このことばは、「人は礼、礼と言うが、礼の根本は、それを行なう真情にあるのであって、礼式に使う玉や絹束（帛）の大き

さや数がどうこうというのは、端々のことだ」という意味である。この孔子の非難にすでに現われているように、ともすれば、人は礼の形式に流されやすい。形だけ礼式に合っているが、それを実行しているときに、心はどこかに行ってしまっている、ということになりがちである。とすると、これもまた偽りとなってくる。

しかし、こうした形式主義への堕落を批判したのは、墨子たちや老子・荘子たちである。いわゆる反儒教の人々である。分けても老子は、反儒教の代表格であり、孔子と老子とは、相い対立する二つの立場として、このあと、大きな流れを作ってゆく。その意味で、儒教をよりよく理解するためには、老子の考えを見ておく必要がある。

老子という人物は実在しない、というのが通説である。もっとも、そういう人物がいてもいなくても、それは大して問題ではない。重要なことは、老子という人物に託されて残っている『老子』という書物の中の思想である。

老子の立場とは、一言で言えば、孔子の胸を借りた反儒教である。常に儒教の諸テーマに対して批判するという形である。しかもそれは対照的であった。

例えば、〈人間らしい〉とか、〈人間として〉という場合、両者は対照的である。儒教では、飲みかつ食い、感覚のまま生きるというのは、動物的であって、人間らしくないとする。孔子は、人間は感性のまま生きるのではなくて、知性をもって生きることが〈人間として〉の

第三章　儒教の成立

生きかたであり、〈人間らしい〉と言えるとした。そして、その知性は、教育によって得ら
れ、その知性をさらに磨いて徳性を持つことができると信じた。すなわち、生れたままの人
間ではなくて、知や徳に化されること、知化・徳化を最高としたのである。知化・徳化とは、
人の手による〈文〉化であり、〈教〉化であり、〈礼〉化である。或いは〈徳〉に由ってなび
く〈風〉化でもある（現代日本語の「風化」は、形骸化という意味であるが、それは元来の意味
と異なる）。

　それは人工の世界の賛歌であるから、自然を下に見る。自然を切り開き、支配し、その中
に人工の世界を作り、そこが人間の住むところとする。そしてそこは、すぐれた聖人によっ
て作られた礼の世界であり、礼のあるところにこそ文化があるとしたのである。

　これに対して、老子は、礼の世界、そしてその礼による文化・教化・知化・徳化・風化を
否定する。人工の世界を否定する。礼こそ、人間を人間らしくさせないものだ、儒家の言っ
ていることは、結局は世俗の合理化である、とする。だから、儒家の行きつく先は、地位・
財産・名誉など、いわゆる富貴を追い求める生きかたとなり、当然、そういう世俗の世界は、
富貴を求めて相い争う世界となってしまう、と。

　それではどうするかと言うと、儒家のように人工的世界を重視するのではなくて、自然的
世界を重視しよう、ごたごたとした常識や世俗のこざかしい知恵で俗化されないようにしよ
う、礼を棄てよう、と主張するのである。いわゆる「無為自然」であり、「学を絶たば、憂

いなからん〈絶学無憂〉という世界の讃歌である。例えば子ども観の場合、儒教では〈教育を受ける子ども〉であるが、老子では〈生れたままの汚れない無邪気な嬰児〉という子ども観である。すなわち、教育を受けた、こましゃくれた子どもの否定である。

しかし、老子のこうした自然的世界の重視は、けっして原始的世界の重視を意味するものではない。人間は原始的世界にあるとき、ただひたすら人工的世界を追い求める。その成果が、例えば儒家の文明賛歌、人工的世界の賛歌である。しかし、老子はそうした文明や人工の世界の賛歌の中にある堕落を批判して、反対に［逆説的に］自然的世界を持ち出してきたのである。

原始的な自然的世界から人工的世界となったその否定であるから、人工的世界の批判の結果生れてきた、自然的世界の重視であることに注意しておかなくてはならない。それは、人工的世界重視を一度経てきた自然的世界重視であり、単なる原始的自然の世界の賛美ではない。自然の見なおし、自然の再評価とでも言うべきものである。こういう意味で、老子の立場は、儒家の胸を借りた反儒教である。

あえて言えば、その儒家批判はなかなか鋭いが、それでは儒家の人工的世界重視を否定して何が残り、どういう具体的世界ができるのかというと、はなはだ心もとない。スケッチとして表わされているのは、人々が争わず自給自足の静かな田園生活を送るという空想だけである。そういう老子からは、具体的な政策や社会規範がないのは当然であり、結局は、中国の実社会や政治において思想として主流となること

116

第三章　儒教の成立

はなかった。儒教が、個人以外、常に社会を問題とするのに対して、老子は、個人の問題にとどまるものであった。同じことは仏教についても言える。

第四章

経学の時代（上）

孟子が子どものとき、勉強がつらくて中断した。すると母は織っていた布のタテ糸を切って見せ、途中でやめると、このようにだめになるのだと諭した（顧沅の『孟子聖蹟図』より）

一　国家と共同体と

　周王朝の封建制（諸侯の各独立領土の上に王を戴いた諸侯連合体）を壊して、秦王朝が郡・県から成り立つ中央集権的統一国家、郡県制国家を作った。すなわち最頂上に皇帝（中央政府）がいて、皇帝が派遣する高級官僚が長官となることによって各地の郡・県を治めることとなった。

　秦王朝は周王朝組織の否定に急であった。そのため周王朝時代の意識を引きずっていた諸共同体は、共同体の規律（徳治）を脅かす法家政治（法治）に対して抵抗した。新しい組織は常に旧派から抵抗を受ける。その結果、大皇帝であった始皇帝の死後、全国に反乱が相い続き、たった二十年ほどで、あっけなく秦王朝は崩壊する。

　代って登場したのが前漢王朝である。西暦前二〇二年、前漢王朝は、当然、秦王朝を倒した諸共同体の要求の上に立つ。その象徴が、有名な〈法三章〉である。秦王朝時代の厳しく細かな法治を廃し、盗るな、傷つけるな、殺すな、この三章以外の法律はなくしたという。もちろん、大ウソである。「盗る、傷つける、殺す」、すなわち、窃盗や強盗・傷害・殺人は重要な犯罪である。この三章以外の罪は、そうたいしたことはない。この三章こそ、治安の根幹ではないか。法三章を守ることは、法治廃止のキャッチフレーズと言われてきたが、

第四章　経学の時代（上）

その意味するところを逆に読めば、法治の根本精神はしっかりと押えるというキャッチフレーズとなろう。

事実、キャッチフレーズに終る。法三章にしたものの、たちまち治安が保てぬようになり、宰相の蕭何は秦王朝時代の法を基にして、九章から成るかなり広範な律（刑法）「九章律」を作った（『漢書』刑法志）。

いずれにしても、漢王朝は、秦王朝が作った中央集権的統一国家を、ともかく受け継いだ。

しかし、秦王朝末期の反乱を反省材料にして、諸共同体との妥協を図らざるをえなかった。

すなわち、秦王朝の「郡県制」を修正した「郡国制」という制度の導入である。周王朝の時代は、諸侯（自領を持つ小君主）の上に王（諸侯ら小君主たちの君主）がいた。秦王朝は、皇帝のみを君主とし、全国を郡、さらにその各郡の下に県というタテ割りにして、皇帝を頂上とする中央集権制にした。これを郡県制と言う。言わば、諸共同体の地方自治的独立を許そうとしないものであった。そのため、諸共同体の抵抗が激しかったのである。そこで、前漢王朝は、天子の直轄地には郡を置き、遠地については、同族の者や功臣（例えば韓信など）を、諸侯や王という名称を与えて任命したのである。これが「郡国制」である。秦王朝にも徹侯や関内侯という侯があったが、それはいわゆる諸侯と異なり、あくまでも二十に分けた官僚体系の一位、二位のものであった。

＊厳密に言えば、前漢王朝は、皇子（同姓）を封じて王にした。これは、周代の諸侯に相当するので、「諸侯王」と言う。また、王子（同姓）を封じて侯としたので、これを「諸侯」とした。

121

一方、異姓の臣下で功績のあった者は「徹侯」とするなどし、さらにその他の侯もあるので、一括して「王侯」と言う《『通志』職官略・王侯》。

ただし、それは、秦王朝の性急な中央集権化に対する諸共同体の抵抗と、それに由って秦王朝が崩壊したこととに対する反省と警戒とからきた妥協策にすぎない。皇帝を頂上とする中央集権国家としては、諸共同体、分けても大共同体（王侯）は、いずれはつぶさねばならない対象であった。なぜなら、中央集権を唱える以上、その支配下に小独立国家のような諸侯・王が存在することは、中央統制と食いちがいを生みだす原因となるからである。

もっとも、共同体と言っても、ピンからキリまである。諸侯・王のような、小独立国家のような大共同体、一門一党を率いる名門・土豪・大地主のような中共同体、同姓一族の団結を誇るような家族のような小共同体というふうに。

一般に、中央集権国家の歴史とは、これら諸共同体との戦いと妥協との歴史である。ただし、歴史の大きな展開としては、長い長い時間をかけてまず大共同体をつぶし、続いて中共同体をつぶし、さらに小共同体をつぶしていっている。その挙句、近代国家と称して、国家の下に個人（或いは核家族）を置くという形となってゆく。個人の上に成り立つ近代国家とは、東北アジアにおいては、共同体を次々とすりつぶした結果の産物である。

さて、前漢王朝の郡国制の場合、建国した高祖（劉邦）は、論功行賞の意味もあり、臣下

122

第四章　経学の時代（上）

に対して気前よく領土のバラ撒きを行なった。だから、見かけは中央集権国家でありながら、諸侯・王の総計の領土や経済力は、中央政府のそれを上まわっていたのである。そのため、中央政府の言うことを聴かず反乱を起すことがしょっちゅうであった。その最大のものが、景帝の時代の呉楚七国の乱（西暦前一五四年）であった。しかし、前漢王朝はこれを徹底的に鎮圧し、地方における重要な高官は中央政府の派遣とした。また、次の武帝は、「推恩の令」なるものを発した。これは、諸侯・王の嫡子相続制を緩め、他の子弟にも分割相続することを認めたものである。当然、子ども同士が相続を争い、やがて諸侯・王の領土は分裂してゆき、勢力はガクンガクンと弱まっていった。まさに大共同体潰しであり、それに成功していった。

しかし、そこから先については、中央政府は用心深かった。大共同体は潰せたが、中共同体以下はそう簡単でない。いや、また潰す必要はなかった。むしろ中共同体以下は、そのまま生かしておくのが賢明であった。中共同体をコントロールする高官の任命権さえ中央政府が握っておれば、むしろ中共同体以下に依る地方自治は、行政上、円滑にゆくし、経済的負担（末端まで中央集権の徹底を図るとそれに要する人件費などの膨大な予算が必要）も楽であったからである。

つまり、前漢の建国後、最盛期の武帝の時代まで、五、六十年の時間をかけて、いちおう復活した独立領（王侯）である大共同体を再び順に潰し、秦王朝期の郡県制に近くして中央

123

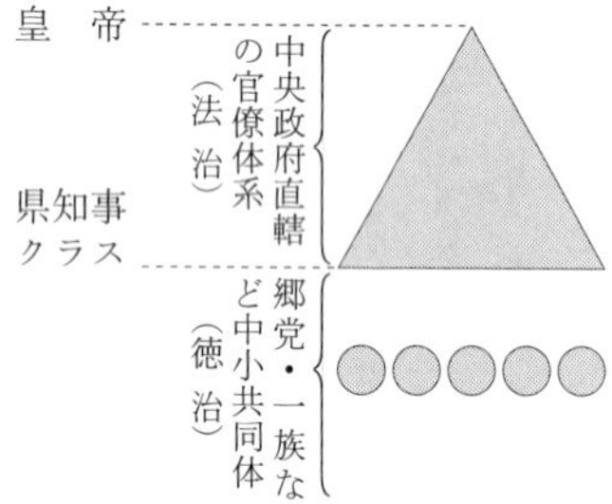

皇帝 ╌╌ 中央政府直轄の官僚体系（法治）

県知事クラス

郷党・一族など中小共同体（徳治）

図4-1　前漢の統治構造

集権制を実質的に完成するのに成功してゆく。しかし、中共同体以下は生かしておいたことから、ばらばらの中小共同体の上に、皇帝を頂上とするピラミッド型の官僚体系（基底部は県知事クラス。ただし県は現代日本の人口四万人程度の市規模）を載せた形となった。図4-1の上部三角形の官僚体系は、もちろん法律による法治中心である。しかし、●印で表わされたバラバラの下部の中共同体並びにそれ以下の諸共同体は、共同体の規律すなわち道徳律による徳治中心である。

すこし時代を先に進めて言えば、前漢以後の中央政府にとって、次の潰すべき対象は中共同体であった。前漢王朝以後、後漢王朝、これに続く魏晋六朝時代の約六百年間、中共同体は、地方貴族・地方門閥として勢力を握っており、その約六百年の期間、中央政府とこの中共同体とが政治的戦いを続けたのであった。

結局、中央政府はこの中共同体潰しにほぼ成功して、強力な中央集権国家ができる。すなわち六、七世紀の隋・唐帝国の登場である。この中央政府を支える者こそ、科挙（文官高等試験）官僚である。後漢王朝以後のそれまでの官僚は、大・中貴族が推薦する者を充てた。当然、彼らは出身母胎の大・中貴族の共同体の利益代表であり、彼らは皇帝に対して力があった。しかし、大・中共同体が衰えるにつれて、そこ出身の官僚ではない、新しい官僚が登

第四章　経学の時代（上）

場してきた。それが試験合格者すなわち科挙官僚である。科挙官僚は一般人出身であるから皇帝に忠誠を誓い皇帝を支えていった。以後、清王朝の崩壊に至るまでの約千三百年間、ばらばらの無数の小共同体の上に、皇帝を頂上とするピラミッド型の科挙官僚体系に寄って集権国家が続くのであった。もっとも「王侯」という制度は、ともかく最後まで残ってゆくので、形式的には、「郡国制」であった。

この皇帝制の崩壊後、すなわち辛亥革命（一九一一年）以後の共和制国家、特に中華人民共和国は社会主義に基づき、すこしずつ小共同体を潰そうとしていっている。もしこのまま社会主義政策を続けて成功すれば、いずれ小共同体、ミニ共同体も潰され、将来はばらばらの核家族、或いは個人をベースとするいわゆる〈近代〉中央集権国家が登場するかもしれない。

さて、儒教は、孔子に由って共同体の意識を掬いあげて成立したものであるから、共同体と運命を共にする。ただし、儒教は、ただ孔子の立場を守るだけの凡庸な人物たちによって受け継がれたのではない。共同体の立場からすれば、中央集権的政府は敵対的であるが、すでに現実に統一国家となった以上、中央政府の存在を認めざるをえない。周王朝時代の儒教においては、大君主とは、諸侯連合体の上にある周王であった。すなわち大共同体の上にある君主であった。しかし、前漢王朝以後においては、皇帝と諸共同体との間に中央政府の息のかかった官僚体系が存在することになる。とすれば、儒教はいつまでも諸共同体の意識の

相当の時間と争乱とを経てからであろうが。

125

反映として存在するだけに終るわけにはゆかなかった。中央政府官僚を無視するなどというようなことをしていると、それこそ時代遅れとなり、滅びていってしまう。とすれば、中央集権下のこの官僚制機構に、なんとしてでも乗りこむ必要があった。しかし、中央集権的官僚制とは、本来は〈法家〉的発想の産物であるから、ここに乗りこむためには、孔子の時代の儒教理論をただ振り回すだけでは無理であった。早い話が、『論語』子路篇にこんな有名な話がある。羊を盗んだ父親がいたとき、その息子が役所に父の罪を告げた。「まっすぐ」だとしてその息子を褒めた。ところが、孔子はこう言っている。「父は子のために〔その罪を〕隠し、子は父のために〔その罪を〕隠す」と。それが私の言う「まっすぐ」だと。

この話は、法に基づく立場と、共同体の規律としての道徳に基づく立場との対照的相違を示すものとしてよく取りあげられる。しかし、前漢王朝以後においては、もはやこうした共同体意識だけでは中央集権的官僚機構に乗りこめない。

折りしも前漢王朝の最盛期、前述のように、呉楚七国の乱の鎮圧、推恩の令の発布といった状況の中で、儒教の基盤である中央集権的官僚機構に乗りこめるため、また中央政府官僚の位置づけもほぼ定まってきていた。そのとき、この官僚組織に乗りこむため、儒教は大きく変貌をとげる。すなわち、経学という新しい学問への変貌である。それは、周王朝時代の孔子の原始儒家からの脱皮であった。その脱皮によって、遂に中央集権的官僚制機構に乗りこむのに成功する。それはどのようにしてであったか。

126

二　原始儒家思想から経学へ

　今日の学問のありかたと、前近代のそれとは異なる。学問とは方法を打ち建てることであるというのが今日のありかたであり、そのために必要な文献内容について精通し物知りになることであった。しかし、旧時代では、学問とはまず何よりも文献内容について精通し物知りになることであった。物知り（知識蓄積）はこれからはコンピュータが代行することになってゆくであろうが、コンピュータなき旧時代の中国では、コンピュータの代行をすること自身が、学者たるもののまず第一目標であった。だから学者たらんとするには、ふつうは大文献家、大知識家、博識家となることをめざした。ただし、文献と言っても、限定がある。一級の作品を読むことであった。そして、その内容を通して〈人間を作る〉ことをめざした。だから、実践的な道徳家になることが、学問の最終目標であった。

　その一級の作品が聖人が関わったとする古典と言われるものである。古くは周王朝の時代、『詩』とか『書』とかといった作品があった。『詩』とは民謡や宮廷内の歌など、今日流に言えば文学作品であり、『書』とは、古代における歴代の王の詔勅文などであり、今日流に言えば歴史である。ただし、古典であるから、単なる文献ではない。そこから、生きかたとか在りかたとか個人の〈修養〉をめざして学ぶという実践的意味あいを持っていた。

この『詩』『書』は、多数あったらしいが、孔子が整理統合したとされる。その孔子編輯の『詩』『書』が儒家の重要な文献となったことは言うまでもない。しかし、本来、儒家の独占物ではない。だから、孔子編輯の『詩』以外、いろいろな形のテキストがあり、いろいろな知識人に読まれていた。例えば、孔子や儒家を徹底してからかった荘子も、〔どういう系統のテキストだったかは別として〕『詩』をよく読んでいて使っている。

しかし儒家が学派として『詩』『書』を使ってゆくうちに、しだいに儒家の独占物のようになって学習されていった。おそらく、解釈としては、そう深い読みこみはなくて、文字面のごくすなおな理解であったと思われる。例えば、孔子は弟子たちにこう言っている。『詩』を学ぶことの効用の一つは、鳥獣や草木の名を識ることができることにある、と（『論語』陽貨篇）。つまり博物学の学習でもあった。

けれども、博物学だけではおもしろくない。当然、鳥獣草木が歌われている以上、それは何かのシンボルであるとか、或る人物に喩えている、というふうに記号論的に解釈することが可能である。すると、『詩』『書』の本文に対して、解釈するという形で、解釈に託して本文の元来の意味から離れて、自分の主張したいことを主張するということが可能となる。ありていに言えば、本文に対して解釈というこじつけを行なって、つまりは本文の権威に託して、つごうの良い議論をすることができるというわけである。

こうなると、儒家の場合、自分たちの使っているテキスト本文を存分に利用して新しく解

128

第四章　経学の時代（上）

釈を加えることに由って、新しい時代に適応する意見を述べることが可能であった。しかし、そういうことを明け透けに言うのははばかられるので〈古典の解釈〉という名目を立てたのである。しかもその〈古典〉は、聖人のことばであると規定する。聖人とは、最高の理想的人間のことである。例えば、堯、舜といった古代の王や、殷王朝を開いた湯王、周王朝を建てた武王、その父の文王、武王の弟の周公、そして孔子といった人物である。もちろん、そうした人物と古典とが本当に関係があったのかどうか、そんなことは二の次である。ともかく関係があったとし、そうした聖人自身のことば、或いは編輯に由って残ったものが古典であるとしたのである。

例えば、『易』という本がある。近代的研究の通説では、その由来ははっきりしないし、もともと儒家とは関係がない本であった。ところが、その本文について、後漢時代になると、文王が作ったとか、或いは文王と周公とが作ったとか、という解釈が生れてきたりするのであった。

このようにして〈聖人と関わり深い古典について解釈を加える学問〉を経学と称するようになったのである。それは、前漢のはじめごろからすでに始まっていたのだが、しだいに形を整えてゆき、武帝のころに前面に出てくるようになったのである。『詩』を『詩経』、『書』を『書経』、『易』を『易経』というふうに、「経」という字をつけ加えてゆくようになったのは、〈経学〉の登場が原因である。「経」――織物の場合に喩えれば、まっすぐなタテ糸の

129

ことである。すなわち、まっすぐな正しいものという意味を表わしている。

この経学は、しかし、画一的な一つの型のものではなかった。解釈である以上、しぜんに学派が分れる。しかし、同一のテキストを使っていたならば、その優劣の論争で結着がついてしまう。そこで、学派の特徴を出すために、解釈以前に、使用するテキスト自身が異なっているという主張がなされるようになったのである。

使っているテキストに相違がある、などということは、本来、そう簡単に言えることではない。にもかかわらず、そういうことを言いだしたのは、そう言える絶好の理由があったからである。その理由とは、秦王朝の始皇帝が行なった〈焚書〉事件であった。

焚書とは、書物を焼くことである。始皇帝は、法治を強力に進めたが、これに対して、儒家を始めとして、法家以外の諸学派が批判的であった。そのため、法家や自然科学や占い関係の本を除き、諸学派の本を集めて焼いたとされている。いわゆる焚書である。また、儒家の学者を穴に生き埋めにしたとも言われている。いわゆる坑（阬）儒である。

この焚書坑儒がどの程度の規模で実際に行なわれたのか、実ははっきりとしない。あえて乱暴に言えば、そういう事実があったのかなかったのか、それはどうでもよかった。〈焚書があった〉という伝説が重要であったのである。前漢の儒家はこの焚書事件を利用して、そのとき隠されていたテキストが出てきたと称して、世に新テキストを出してきたのである。

鎌倉時代の作品『十六夜日記』（冒頭）に、「むかし、かべのなかより求めいでたりけん文の

130

第四章　経学の時代（上）

名を……」という一節があるが、そのことを指している。前漢の景帝の時代、孔子の旧宅を壊したとき、その壁の中から、見たことのない奇妙な文字で書かれたテキストが出てきたりしたのである。

その新テキストを研究してみると、その内容は、例えば、『書』であった。しかし、焚書のあと、『書』を暗誦していた学者が生き延びていたので、前漢の始めごろ、その暗誦文を前漢時代に通用していた字形（すなわち前漢当時の現代文字）ですでに書きとっていた。そのテキストの内容と、壁から新出の奇妙な文字で書かれたテキストを同じく前漢当時の現代文字になおして書きとってみた内容とを、比べてみると、内容が異なっていたのみならず、量も異なっていたのである。

そこで、新出テキストは、もともと奇妙な古い文字であったところから、〈古文字の『書』〉すなわち『古文尚書』と名づけた。一方、焚書事件から比較的近い時期に、通用の文字に書きとった古くから伝わっていたテキストは、現代文字であったところから〈今日の文字の『書』〉、すなわち『今文尚書』と名づけた。このように、例えば『書』に関して、『今文尚書』と『古文尚書』という二つのテキストが使われるようになったのである。当然、『今文尚書』を使う学派と『古文尚書』を使う学派とに分れて、解釈や主張を異にするようになった。

こうして『詩』『書』『礼』『易』『春秋』といった儒家の経書において、それぞれ、古文派

131

と今文派とが登場することとなり、やがて両者が激しく論争するようになったのである。

この古文系テキストなるものは、その登場のときから、怪しげな空気があった。もちろん、実際に隠し続けられていて後に出てきた本物のテキスト（部分的かもしれないが）もあっただろうが、焚書にかこつけて、偽作して世に出したのではないかと思われる点もあったのである。

なぜ、そういう無理な偽作をする必要があったのか、ということになるが、やはりそれだけの理由がある。例えば、儒家の成立した周王朝時代に比べて、前漢帝国は大領土、大国家に拡大されていた。すると、名称こそ「今文」であるものの、だいたいにおいて周代の意識を引きずっている今文系テキストの思想的説明では、周代よりもスケールの大きい前漢帝国の現状に合わないところがあった。こうした点を克服しようと思うと、テキストの内容自身が前漢帝国の現状に合わせうるものであるとつごうがいい。これが古文系テキスト偽作の動機につながる。

例えばかつて存在した「封建」という問題を例にしてみよう。「封建」とは王が「国境を封めて、諸侯の国を建てる」ことである。今文説では、王の直轄領の外側を五百里（当時、一里は約四百メートル）ずつ五段階に外へ向かって区画する。また、諸侯のランクは「公爵・侯爵・伯爵・子爵・男爵」であるが、その治める領土は、今文説では、公・侯が百里四方、伯が七十里四方、子・男が五十里

132

第四章　経学の時代（上）

四方であるのに対して、古文説では、公が五百里、侯が四百里、伯が三百里、子が二百里、男が百里、それぞれ四方である。また、王の直轄領内において、国を建てることは、今文説では認めるが、古文説では認めない。また、天子は天下の視察行幸を行なうが、今文説では五年に一回、古文説では、十二年に一回である。総じて見ると、古文説の方がスケールが大きく、また整っている。

「官制」の場合も、天子の直接の臣下の数は、今文説が計二百四十人であるのに対して、古文説では計一万二千人である。

「税制」も、今文説では一律に十パーセントであるのに対して、古文説では遠近によって差をつけている。

というふうに、例えば古代の国家問題の表現において、今文説は、周王朝あたりのスケールの実情がモデルとなっている。しかし古文説は、前漢帝国の大スケールの状況を写し出している。

このように、今文派と古文派との対抗そして競争は、儒家思想の活性化となった。彼らは、前漢王朝が前代の秦王朝（とりわけ始皇帝）を罵倒し秦王朝を倒したのは正しいとする立場に乗じて、焚書坑儒事件を利用し、学問の中心に乗りこんできたのである。そしてそれは官僚組織の中心への乗りこみでもあった。

だいたい、坑儒事件の場合、秦王朝に反抗した儒家ということだけを意味するのではない。

133

こういう口伝がある（『漢書』儒林伝「詩書を燔き、術士を殺す」の顔師古の注）。

焚書をしたものの、なかなか人々が従わなかったので、秦王朝政府は困り、諸学者（博士・賢儒・諸生）の服従した者を天子の近侍官に任じた。七百人ほどであった。さて冬になって、ひそかに驪山（温泉のあるところ。後に唐代に玄宗と楊貴妃とが遊んだ地として有名）の谷の温いところに穴を掘って、瓜の種を播いたところ、早く生長して実が成った。そこで、始皇帝は諸学者になぜかとたずねたところ、答が一致しなかったので現地に行かせた。一方、あらかじめ現地には、しかけをしておいた。やがて諸学者がみな到着したが、その実について意見を述べて論難し結論が出ない。そこでしかけを落して、上から土で埋めて圧え、みな死んでしまったと言う。

こうした口伝に拠れば、諸学者は理論倒れで現実感覚のない愚か者というイメージである。「賢儒」でありながら、実際は「愚儒」であった。事実、このことと連関して「愚儒」ということばも使われていた。焚書を始皇帝に献策した重臣の（法家思想家でもある）李斯の上奏文中に出てくる（『史記』始皇本紀）。

それにしても、ここに現われている儒者が天子の近侍官となっていることからも分るように、政界・官界志向の人々である。それは珍しい例ではない。始皇帝の没後、秦王朝に対する反乱の口火を切ったのは、陳渉（陳勝）という人物であったが、陳渉が王を自称すると、孔子の直系の子孫であった孔甲（孔鮒）は、わざわざ出向いて仕え、陳渉の部下となり、博

第四章　経学の時代（上）

士という官になった。そして敗北後、陳渉といっしょに殺されている。これは、焚書坑儒事
件などがあったので、孔甲は始皇帝に怨みがあり、そのため、反乱軍に身を投じたとされて
はいる（『漢書』儒林伝）。それにしても政界・官界志向であったからこそ、わざわざ出向い
て行ったのであろう。

つまり、儒者の中の〈君子儒〉系の者たちの数が相当に増えてきており、彼らは、積極的
に、家族倫理思想の上に政治思想を構築したり、また実践しようとしていた。その結果が、
政界・官界志向や経学の成立へとつながってゆく。

三　『孝経』

前漢時代の郡国制は、中央集権に徹した郡県制に、形式上、封建制の諸侯を加え、また中
小以下の共同体を潰さず、あえて残すという妥協のシステムであった。だから、郡国制は、
封建制と郡県制という二つの要素を含むことになり、しかも、図示すれば、次ページの図
4－2のような変形サンドイッチとなる。

だから、後世になると、より郡県制を主張する者、或いは、より封建制を主張する者の二
つに分れるようになる。その意識としては、「古に法る者は、封国（＝封建）でもある」の制
を多とし、今を是とする者は、郡県の理を賢とす」（唐代の『通典』職官・王侯総叙）。

135

図4・2　前漢の郡国制

こういう複合組織の郡国制に儒家が乗りこむとすれば、従来の諸共同体向けの儒家族理論だけでは、十分なものでない。なるほど下部の中小諸共同体や、別枠の王侯に対しては適合するとしても、中央集権的官僚体系を取りこむ新しい理論を作る必要があった。そこで登場したのが『春秋』と『孝経』という二つのテキストの重視であった。

では、どうしてこの二つが重視されたのかと言うと、形式的には、例えばこういう説がある。前漢時代の人々の意識として、『詩』『書』『易』『礼』は、孔子の〈編輯〉であるが『春秋』『孝経』は、孔子の〈作品〉である、としていたからである。

儒家の経典の作者はだれかという問題は、専門的分野に属するので、その議論はここでは省略するが、『春秋』『孝経』の場合、歴史的事実としては、孔子の〈作品〉ではない。孔子の名に仮託して、だれかが作ったものである。しかし、作者がだれであろうと、そんなことは、さして重要ではない。大切なことは、この二つのテキストが重視されたことの、内容的な意味である。まずこの章では『孝経』について述べ、次の章で『春秋』について述べることにしよう。

第四章　経学の時代（上）

『孝経』は、その書名が示すように、始めから「経」という文字がついている。これは、儒家の経典中、唯一特殊なものである。『詩』や『書』『易』などは、経学の時代になって喜ばれてから、しだいに『詩経』『書経』『易経』と言われるようになったのであって、もともとは正式の書名ではない。しかし、『孝経』だけは、始めから書名に「経」字がつけられている特異な経典である。

さて、『孝経』の内容であるが、書名が端的に示すように、孝について述べたものである。しかし、原始儒家たちが整理していた孝、すなわち、祖先を祭祀し、親を愛し、子孫を産むという三者を合せて孝とする〈生命論としての孝〉だけを説くものではない。もし〈生命論としての孝〉だけを主張するとするならば、それは共同体の思想にとどまり、郡国制という新しい中央集権国家の理論を形作ることは困難である。そこで、〈生命論としての孝〉というだけではなくて、新しい考えをつけ加えることにしてできあがったのが『孝経』である。

ただし、急にできあがったものではない。その前に、いくつかの実験的な試みがあった。すなわち、ただ孝というのは、「小行」であり、父母はもちろん、君主など長上の者に従順であり、目下の者に対して愛情を持つことは「中行」であり、さらには、そうした現実の君や父に従順であることから一歩進み、道や義に対して従うのが「大行」である、とした（『荀子』子道篇）。つまり、道義という普遍的なものが、君父よりも、孝よりも上にあるという考えである。この

137

ように、普遍的なものを持ち出してきて、孝という共同体道徳の上に置くことは、荀子が、儒家ながら、当時、共同体を越えて、しだいに中央集権的国家へと向いつつあった状況を強く意識したからであろう。この荀子の弟子が、韓非子という法家思想家であり、法に基づく中央集権国家である秦王朝の理論的基礎を与えることとなる。

一方、原始儒家自身の中から、孝の分類とその価値づけということも起っていた。例えば『礼記』祭義篇は、祭祀のことを中心にして述べた文献であるが、孝には三種類があるとして、AB二つの考えを示している。Aは、「大孝」は親を尊ぶこと、「中孝」は親を辱しめないこと、「小孝」は親を養うことができること、である。いま一つのBは、「小孝」は親の愛情に報い親を養うために農耕に力を尽すこと、「中孝」は、仁・義という道徳を守り、精神的に労（倦むこと）がないこと、「大孝」は、父母に対してのみならず、他者に対しても精神的に感化を与え、また自分が得るものが豊かであること、とする。

問題はBである。Aは、孝とは肉体的のみならず、さらに精神的なものを含むことを上とするということで、これはすでに『論語』にも説かれていることである。いずれにしても親との関わりを抜いていない。しかし、Bは、親と直接的関わりのないことを孝として出してきている。その原文の「中孝は労を用う」「大孝は匱からず」は分りにくいことばであるが、ずっと後、唐代の始め、七世紀にできた『礼記正義』という標準注釈書は、小孝は庶民の、中孝は卿・大夫・士らという官僚体系層の、そして大孝は天子・諸侯の、それぞれの孝であ

138

第四章　経学の時代（上）

るという解釈を行なっている。その解釈の拠りどころのほとんどは、実は『孝経』である。

おそらく、『孝経』の作者は、上述してきたような『礼記』祭義篇や、さらには『荀子』あたりの、道徳や文化における孝の位置づけを基にして、孝の分類や価値づけをしていたのであろう。しかも『孝経』は、孝の分類や価値づけを、大・中・小といった抽象的な段階づけではなくて、天子・諸侯・卿・大夫・士・庶人といった階層という具体的な段階に分けていったのである。すなわち、「天子の孝」「諸侯の孝」「卿・大夫の孝」「士の孝」「庶人の孝」というふうに。

これは画期的な試みであった。孝が共同体意識を踏み〈生命論としての孝〉にとどまるかぎり、天子・諸侯・卿・大夫・士・庶人という階層には関わりがなく、それぞれの同族の中においてしか意味を持たない閉ざされた孝を勧めるだけのことになる。のみならず、その同族的行事の価値を高める果ては、共同体を超えた中央集権的国家との関わりを持つことができない。儒家が前漢時代において努力したのは、どのようにして共同体道徳の限界を破って中央集権的国家の道徳を作ってゆこうかという点であった。

その意味では、共同体道徳の権化というか、代表というか、共同体道徳を最もよく現わす孝は、逆に言えば、大共同体を潰し、将来、諸共同体潰しの含みを持つ中央集権国家にとって、最大の敵となりかねない思想であった。なぜなら、君主よりも父母が大切ということでは、中央集権的国家としての威厳が行きとどかなくなるからである。この難問を解こうとし

139

て登場してきたものこそ『孝経』であった。

『孝経』は、郡国制のシステム（実は周王朝時代の封建制のシステムの利用）である「天子―諸侯―卿―大夫―士―庶人」という階層をそのまま使う。このうちの「卿―大夫―士」は、実質的には中央集権制国家の官僚体系を意味する。その各階層それぞれにそれぞれの孝がある、とする。ではどのようにか。

と言っても、〈生命論としての孝〉とまったく無縁な孝などというものはありえない。その〈生命論としての孝〉において、個人ではなくて、その一族に関わる社会性あるものと言えば、祖先の祭祀である。祖先の祭祀を絶やさないということは、その一族が国家社会の中で安定した地位を得ていることを表わす。

そこで、士は「祭祀を守る」ことが、卿・大夫はその「宗廟（祖先の廟）を守る」ことができることが大切であり、そのことによって〈生命論としての孝〉とつながる。その「祭祀・宗廟を守る」ことができるためには、卿・大夫は先王（昔のすぐれた王。聖王）のすぐれたことばや行ないに従い、そのことによって、失言がなく人から怨み憎まれることがなり、天子からいただいた俸禄や官位も無事に保ち、宗廟（みたまや）を守ることができるとする。その場合は、敬意をもって君主に事え、忠を尽して君主に事えると、その爵位と俸禄とを保つことができ、祖先の祭祀を絶やさないことになる、と。

中央集権的国家においては、その官僚体系である卿・大夫・士の孝が、どのようであるべ

140

第四章　経学の時代（上）

きかという問題が最も重要である。そこで『孝経』は、卿・大夫・士は普遍的道徳や君主に対して従順であり、その身の安全を保つことによって、宗廟や祖先祭祀を絶やさないことができ、その結果、〈生命論としての孝〉を行なうことができるとしたのである。

一方、天子・諸侯の孝については、儒家の本来の主張を行なう。天子は、儒家の理想としては聖王（聖人）であり、その聖王（聖人）のすぐれた人格に由って人々が感化されてゆくべき存在である。そこで、〈生命論としての孝〉の内、親を愛し敬するという、人々に対して最も分りやすい形を言い、この両親への愛敬の心が他人にも及んでゆき、人々を感化するとする。

諸侯の場合は、領土と人民とを有し、その行政を担当することになるから、小国家の行政でもある。すると、この小国家を滅ぼさないことが最も重要なことである。そこで「驕（おご）り高ぶらず慎み深くし、その社稷（「社」は土地の神。「稷」は穀物の神）を保ち、その民人（領民）を和す」ことができることが諸侯の孝であるとした。

天子・諸侯は、その行政をまちがいなく行ない、国家や領地を安全に保つことが孝であるというのは、そうした安定によって、卿・大夫・士の場合と同じく、宗廟において祖先の祭祀をきちんと行なうことができるということを暗に言っている。また「庶人の孝」として明言してはいないが、庶人も祖先の祭祀を行なうことは言うまでもない。

最後に、庶人の孝であるが、その庶人とはほとんど農民を指している。農・工・商の庶人

141

の内、農は本業であり、商・工は末作である。その最大理由を言えば、古代当時、交通手段に乏しく大きな物流はなかったので、商業の規模は小さかった。また技術水準が低かったので、工業の規模も小さかった。庶人の孝では、しっかり農業に精を出し、節約して父母を養え、とある。まず父母を養うという孝の基本を説く。そのことにより、生活が安定し、祖先の祭祀や子孫を殖やすことができることを暗に言っている。

言わば、親への具体的な孝を行なうという意味では、天子の孝と庶人の孝とは共通の語調である。卿・大夫・士、それぞれの孝は、皇帝を始めとして、自分の主君に従順に事えることによって安定した家を保ち得、祖先への祭祀を滞りなく続けられるものとする。諸侯の孝は天子の孝の縮小版である。このように、あくまでも〈生命論としての孝〉を基礎にし、この孝を行ない得る条件を述べることによって、各階層における孝を行なえという新しい主張を行なったのである。

しかし、現実には、卿・大夫・士という官僚層において、天子に対して忠を尽すということと、親に対して孝を尽すということとの関係という問題がある。中央集権的国家の軸となる法律優先を説いた韓非子は、こう言っている。魯国の或る人が君に従って三回出陣したが、三回とも逃げた。孔子がなぜかと理由を問うと、自分には老父がいるので、自分が死ぬと老父を養えないので逃げたと答えた。つまり、忠よりも孝を優先したわけである。それを聞いた孔子は孝行者であるとして重用した。そこで韓非子は「父〔にとって〕」の孝子は、君

第四章　経学の時代（上）

〔にとって〕の背臣なり」と批評している。また、本書一二六ページにある話、すなわち羊を盗んだ父を警察に届け出た子の話を同じく引き、その話を聞いた楚国の大臣は、この子を殺せと命じた。なぜなら、君主に対して「直」ではあっても、父に対しては「曲」であるからと。そこで韓非子は「君〔にとって〕の直臣は、父〔にとって〕の暴子なり」と批評している（ともに『韓非子』五蠹篇）。

このように、中央集権的国家の徹底を図ろうとした韓非子にとって、忠・孝を分離するのは当然であったが、『孝経』はそういうわけにはゆかない。儒家の重視する孝を、なんとか忠と連続する必要があった。

そこで『孝経』は、「孝をもって君に事うれば忠」とか、「父子の道は天性（生れつき）なり。〔それは〕君臣の誼（義）〔にも通じる〕なり」とか、「君子は親に事うるに孝。故に忠を君に移すべし」とかと、孝が忠に移行できるものとしている。しかし、その間の論理的連結は弱く、ほとんど直観的に、家族と国家とのそれぞれの組織の擬制に頼って、感覚的に孝を忠に移行していることは否めない。第一、前漢時代では、〈公〉的な、〈私〉のない忠という観念はまだなく、忠とは、自分を雇ってくれている主人に対する〈私〉的な感情としての忠であった。それは共同体的感情であり、同じく共同体的感情の孝と感覚的に移行しやすかった（論理的にではなくて）。ただし、忠はあくまでも君に事える臣の道徳であって、一般民衆には〈忠信という意味以外〉無関係であった。

それでは、十分に論理的につながらないこのような忠・孝論で、どうして官僚を納得させえたのか、ということになる。その最大の理由は、近代的中央集権国家における、法律の公共性、国家組織の客体性などが十分でなく、私的な要素がきわめて強かったためである。例えば、前漢王朝の場合、中国という国体の公共性の上に、そのときたまたま政権を担当しているにすぎないというような公的な観念はなかった。あくまでも、劉という姓を有する一族が私的に政権を担当している前漢王朝であるという性格が濃い。だから、前漢王朝を建てた劉邦が亡くなったあと、皇后であった呂后（呂がその姓）が実権を握り、あやうく呂家の王朝となろうとしたとき、劉邦の恩義を受けていた連中が、劉家のためにたちあがって呂氏を倒すこととなる。以後の中国の王朝は常にそうであった。例えば、唐王朝は李という姓の家の王朝であり、宋王朝は趙という姓の家の王朝であった。だから、皇帝に仕える臣は、その皇帝の王朝に仕える公的な臣なのか、その皇帝の家に仕える私的な臣なのか、しばしばはっきりしないことになる。国家において唯一の王朝となり公的性格となりやすいが、中国の場合は必ずしもそうではなかった。日本の天皇のように姓がないことは、国家が支配する国家との間に疑似性を感じるのは当然であった。もちろん、その下に仕える官僚も同じ感覚となる。このため、マックス・ウェーバーは、中国の官僚組織を家産官僚制というふうに規定しさえしたのである。

だから、皇帝自身が、自分の姓の下にある家と、王朝が支配する国家との間に疑似性を感

144

第四章　経学の時代（上）

ともあれ、このようにして、〈生命論としての孝〉が、その祖先祭祀と王朝の家産的性格とを柱として、郡国制の下の中央集権国家である前漢王朝の指導理論へと展開していったのである。

四　春秋学

経学を前面に出して、前漢代をリードする理論を荷なおうとして登場した儒家は、いくつかの経書があるにもかかわらず、『孝経』と『春秋』とを重視した。その理由に関して、前節では主として『孝経』の場合について述べた。この節では『春秋』について述べることにする。

『春秋』と言うのは、周王朝時代の諸侯の一つであった魯という国の記録である。そこには、公的記録のみならず、当時のいろいろなできごとの記録もある。ところが、その魯国の記録の内、いきなり十四代目の隠公という君主が即位したときから始まり、約二百四十年あまり分の記録があって、またぷつりと切れているのである。

魯国の記録であるから、本来ならば、建国に始まり滅亡に至るまでそろっていてもいいのに、そうではなくて、上述のように、或る特定部分だけが残っている。それがまず不自然である。果して、その部分が偶然に残ったものなのか、故意にだれかの手によってその部分だ

145

けが切りとられたものなのか、それは謎である。しかし、ともかく、特定の部分だけが残ったので、それ自身に意味ありとした。そして、その中身を約八十年ずつ三段階に分類し、そこに一つの歴史の展開を見出そうとした。

或いはまた、その記録を見ると、書きかたに規制があるにも拘らず、その規制と異なっているものがある。そこで、その理由を考えた。例えば、『春秋』に出てくる魯国の君主、十二人は、当然、その即位をした事実を書くべきであるのに、「即位」ということを書いていないことがある。そこで、こう考えた。例えば隠公という人の場合は、実は摂政の意味であることを表わしていると。また荘公の場合は、母親の文姜が実家である斉国に帰ったきり、嫁いできた魯国に帰ってこないためである、とする（実は、夫の桓公は斉国で暗殺された。斉国の君主と文姜とは兄妹であったが、近親相姦の関係にあった）。すなわち父は殺され母は帰ってこないので、即位の礼を行なうのが忍びなかったということを含んでいる。また閔公の場合は、国内が乱れていて、即位の礼を行なうことができなかったためであるとする。或いはまた僖公の場合は、自分自身が国内の内乱で亡命し、後に帰国し、即位の礼を欠いていたためとする。

すなわち、まず或る事実の記録があって、次にその記録の書きかた（書法）に論評を加えるという形で、この世に起るできごとの参考や反省の材料にしようというわけである。歴史を修養の鑑にしようとする、そういう学問を春秋学と言い、前漢時代に大流行し、五つもの

146

第四章　経学の時代（上）

学派があったという。因みに、そうした記録法（書法）を後に「春秋の筆法」と称し、御都
合主義的解釈を意味するようになったが、本来の書法・筆法の意味と異なっている。

他のテキスト、『詩』『書』『易』『礼』の場合、その内容は、起るできごととすぐには結び
つかない。『詩』は、ともかくもなにかを歌ったものであって、暗示的でしかない。『書』は
尭・舜という古代聖王以来、歴代の人物のことばそのものが中心であって、想像を盛りこん
で自由な解釈をすることが加えにくい。『易』は、言うまでもなく象徴的・神秘的であって、
予言はともかく、現実のできごととそのものと直接結びつくものではない。『礼』は、或る一
つの完成したシステムの表現であり、原則の多い現実の反映としにくい。その点、『春秋』は
二百四十年余のできごとに対して、『春秋』から類例を引きだすことは、比較的容易であった。前漢
新しいできごとは、善人・悪人とりまぜてまさに現実世界そのものであり、変化や
の時代、董仲舒という思想家は、事件の判断をするとき春秋学に拠ったと言われており、
『公羊董仲舒治獄』という十六篇の本を著わしたという。

現実政治に参与するには、現実政治の当事者能力が必要である。その場合、儒家としては、
儒家の経典によって意見を述べることができてこそ、儒家の立場が成り立つ。その意味で、
春秋学は儒家の政治理論や倫理思想を表わすのみならず、実用の学でもあったのである。

加えて、中国人の歴史好きという点でも『春秋』が好まれた。中国人がなぜ歴史好きなの
か、これ自身が興味あるテーマであるが、さしあたり、時間的理由、空間的理由の二つを挙

147

げておこう。

まず時間的な理由である。各民族はそれぞれの民族的感覚や特性に応じて、時間論を持っている。例えば、インド人のように、輪廻転生という思想を持っているとき、時間は永遠という、無限の循環というか、想像を絶する長い長い時間を考えることとなる。のみならず、輪廻転生であるから歴史の実感がない。だからであろう、インド人は歴史意識が欠けている。二百年や三百年の誤差など平気である。

しかし、中国人には、神仏しか理解できないような、無限のような長い時間の観念はない。ただし、ずっと後世、十一世紀の宋王朝時代、邵雍という儒学者は、〈元・会・運・世〉という四者の組み合わせの時間を考えだし、例えば、129600（元）の四乗、すなわち一七九京三七五五兆九七五二億一〇〇〇万年というような〈無限に近い〉巨大な数字を考えていた。

しかし、これは道家を通じて仏教の影響を受けたものと言われており、一般の中国人には、こういう巨大な数字は抽象的であり実感がなく好まれない。たとい大きな数を示すとしても、兆民（これは現在の百万に当り天子の治める人数）・万民（諸侯が治める人数）というふうに、民の数という具体性を帯びた、感覚可能な数字である。

さて、それでは中国人は時間をどのように組み立てるか。私は、祖先崇拝と結びついていると考える。すなわち、人生は、かつては五十年であった。或いは一世は三十年である。こ

148

第四章　経学の時代（上）

の一世とは成長し結婚をし、働く社会的活動期間のことであろう。こうした生活時間、人間の生物時間で示すのが中国人に最も説得力がある。人間は生物として永遠に生きることはできないのであるから。

一世三十年——そして、生命論としての孝という理論から言えば、己れから父へ、さらには祖父へ、曽祖父へ、高祖父へ……と遡ってゆくことになる。しかし、祖先を辿るとしても、祖先全部につきあうわけではない。自分を含めて五代前まで、すなわち、ふつう高祖父までを血族として意識する。それでは、六代前、七代前の人はどうなるかというと、その家の始祖（元祖、初祖）は絶対に動かさずに必ず祭り、第二代目から以下、自分より六代前以上までの間の人の神主（仏教で言う位牌）は、それを祭っているところを廃して（毀廟、始祖の神主を祭っているところ（廟）に合祀する。そして、これらの人々をすべて合せて先祖と言うので、次のようになる。

始祖……（先祖）……高祖父（母）——曽祖父（母）——祖父（母）——父（母）——自分

つまり、始祖から切りとって言えば、有限の時間である。その始祖はもちろん生命を他から受け継いできたわけであるが、始祖以前については実感がないので、実際には生命は始祖から自分に至るまで、どのようであったかということに関心があることになる。すると始祖から自分に至るまで、どのようであったかということに関心があることになる。そこで、始祖以来の一族の系図すなわち族譜が重要となる。中国人で儒教意識の強烈な家では、正月に族譜を掛け、それに対して礼拝を行なっており、家庭

149

における正月一日の重要な儀式となっている。今でも台湾でこれを続けている家がある。だから、中国人はその一族の系譜を辿りつつ、その一族の人間の具体的な生涯というものに対して強烈な関心を持つのである。

これが中国人の歴史好きの時間的理由であるが、さらにもう一つ、空間的理由がある。

中国人は、物を写して漢字を作り、その漢字を使って思考してきた（本書一五ページ）。この漢字は、基本的には物の写しという具体的な内容を持っている。そこで中国人は、対象を分析するのではなくて、対象を写出して分類するという発想となる。欧米語の分析的性格に対して、分類的性格が、漢民族の言語すなわち漢語（日本ではその古文を漢文、現代文を中国語と言う）にある。そのため、中国人は、できるかぎり対象を博物学的に記述することが、対象の正しい把握であると考えた。それは博物への強烈な関心となる。

その結果、歴史の場合、可能なかぎり、個人の生涯の精細な記述や、制度など諸文化の詳細な分類や記録を行なうこととなる。『史記』以下、中国人の歴史著述がそのことをよく示している。中国人は、抽象的な神仏よりも、具体的な〈生きた人間〉或いは〈かつて生きた人間〉に関心がある。ここに中国人が個人の伝記を中心とした歴史好きとなった原因がある。

さてしかし、中国人の歴史好きということが、春秋学流行の大きな原因であったとしても、それはむしろ文化的伝統という背景として置いておくことにしよう。むしろ中央集権的前漢王朝という時代に特に適合するような個別的理由をすこし探っておこう。

150

第四章　経学の時代（上）

春秋学では、もちろん孝を重視する。例えばこんな話がある。祭仲という高官がわがまま
であったので、君主は祭仲の娘婿の雍糺に殺すことを命じた。これを察した妻の雍姫（祭
仲の娘）は、母に尋ねた。「〔私にとって〕父と夫と、いずれか親しきや」と。すると母親は、
夫のスペアはいくらでもあるが、お父さんはたった一人ですよ、と答えた。父の祭仲はただちに娘婿を殺して死体を池のそばにさらしたという《左伝》
親に密告した。父の祭仲はただちに娘婿を殺して死体を池のそばにさらしたという《左伝》
桓公十五年）。

これは一例であるが、もちろん、父母に対する孝ということを最優先するものの、君臣間
の道徳についても春秋学は多く述べている。また中華以外の夷狄を攘う、いわゆる「攘夷」
とセットで「尊王」という思想も強烈である。或いはまた、孔子が『春秋』を作って、事の
正邪を表わしたので、天下の「乱臣・賊子」は懼れたとされていること（『孟子』滕文公下
篇・『史記』孔子世家）が、秩序づけられるべき官僚体系にとって、重い意味を持っていたの
でもあろう。

以上、述べてきたように、前漢時代に経学が登場し、諸経典の内、『孝経』と『春秋』と
が重視された。後の後漢時代には、両者を並列して挙げるところにまで至る（それは、宗教
性を柱としている『孝経』が『春秋』と同じく礼教性のものとして意識された変化を意味する）。
しかし、もちろんこの二書だけではなくて、他の諸経典もまた盛んに研究され、経学時代を

151

開くこととなった。

さて前漢時代にもどると、武帝の時代になって、ついに、建元五年（西暦前一三六年）、五経博士という官職が置かれることとなった。

これは、儒教において画期的な意味を持つ。と言うのは、博士とは官職である。言わば国家公務員であり、儒教を国定の学問としたのである。当然、そこで学ぶ学生が増え、この学生が官僚となってゆく。そして、しだいに他の学問を圧倒してゆき、儒教は国の学問、国教（国家公認の教え）となっていった。儒教は、かつては民間在野の学問であったが、それとまったく異なってしまったのである。この五経博士制定によって、儒学は前漢王朝への乗りこみに完全に成功したのであった。

五　礼教性と宗教性との二重構造

中国思想史の教科書は、一般にこう教えている。「前漢王朝の武帝の時代に、儒教は国教となる。それは、礼を中心とした儒教の教義に基づく規範——礼教とか、名教とかと言われる——による統治思想であり、これが、前漢王朝以後、最後の王朝である清王朝まで歴代の体制イデオロギーであった」と。

さらに、俗に言う〈進歩派〉の研究者は、この礼教によって統治される国家、すなわち礼

152

第四章　経学の時代（上）

教国家は反近代的であるとし、現在もなお、この反近代性は、意識の上においても、また形を変えて制度の上においても続いている、とし、その克服が必要であるとする。

右の、①中国思想史の一般教科書の定義、②いわゆる〈進歩派〉研究者の政治的議論、この両者は、これまで何度か述べた、四角四面という儒教のイメージ、また魯迅たちの批判（本書二五ページ）のまさに教科書版である。儒教を倫理道徳のものと決めこんで礼教性のみを見、その宗教性に対して、いっこうに考察を加えてこなかったことによる一面的な意見にすぎない。もっとも、その宗教性については、私が独創的に定義化し構造化しなければ、だれも分らなかったことではあるが。

武帝の時代に、儒教が国家公認と援助との下に五経博士という活動の場が得られ、いわゆる国教化されたことの最も大きな意味は、それまで混在していた礼教性と宗教性との二つが、実質的には分裂した点である。

そして、礼教性はそれこそいわゆる体制イデオロギーとして発展してゆき、一方、宗教性は一般家庭の家族における私的行為の中に残ってゆく。言い換えれば、礼教性は飛び出して社会化し、公的性格を強く帯びてゆき、宗教性のほうは本来の私的性格のまま、留存していったということである。礼教性は、その公的性格のゆえに知性において理解され、宗教性は、その私的性格のゆえに感性において信仰されてゆく。

ただし、礼教性・宗教性の両者はけっして完全に分裂し関係が断絶したわけではない。礼

という規範において喪礼を媒介にしてつながっている。より細かく言えば、家族理論において、さらに細かく言えば孝においてつながっている。そのことを『孝経』は周到に考えている。すなわち『孝経』は、すでに述べたように、諸侯・卿・大夫・士は天子に従うべしという礼教の根本を説き、さらに「事君（君に事える）章」という章を置き「忠」を教える一方、あえて「喪親章」という一章を設けている。

「喪親章」とは、親の喪礼を説き、生ける親に尽すことに加えて、きちんと喪礼を行なうことにより、親に事えることが完了することを教えている。

＊日本では、朝廷の博士〔という職〕を世襲した清原家では『孝経』の「喪親章」は読まない。それは、死を忌みきらう日本の習慣からきたもので、親の死について、中国人の考えや感じかたとの大きな相違を示している（林秀一『孝経学論集』明治書院・昭和五一年・三八四ページ以下）。

この喪親——親の葬式は、人まかせの儀式ではなくて（喪礼自身については、巫者が専業的であったが）、自らが行なう大きなことがらである。すでに孟子は「働いて収入を得、親の生〔命〕を養うは、もって大事（大きなことがら）となすに足らず。ただ死を送る（葬式をする）ことのみ、もって大事に当るべし」（『孟子』離婁下篇）と言っているが、親の葬儀は、卿・大夫・士、庶人を問わず、人々にとってその家における「大事」であり「大変」である。

154

第四章　経学の時代（上）

そして、死者の忌日（いわゆる命日）には招魂儀礼を、春には墓の掃除を行なう（これが中国では後に春季の清明節となり、日本では後に仏教が主宰して、彼岸や盆の行事となる）という祖先崇拝の宗教的行事が、家の慣習として生きてゆく。もちろん、死の恐怖を克服する〈生命の連続〉を無言の内に意識し確認する行事である。これは、イデオロギーとは絶対に関係がない。東北アジア人の感性に基づくものである。東北アジア人の心の深層に流れる感覚であり、理屈などはない。

ただし、こうした祖先崇拝は東北アジア人固有のものではない。ヨーロッパ各地においても、キリスト教が布教に完全に成功するまで、同じように祖先崇拝が行なわれていた。フュステル・ド・クーランジュの名著『古代都市』（例えば田辺貞之助訳・白水社・一九六一年。初版は一九四四年）を読めば、古代ギリシア・ローマの信仰では、死者には他界（地下）があり、祖先崇拝の〈家族宗教〉が生きていたことを詳述している。フュステル自身「父や祖先を崇拝することは、現在ではたしかに理解にくるしむことである」（同書七〇ページ）と言うほど、キリスト教がこの祖先崇拝の〈家族宗教〉をヨーロッパから駆逐してしまった。このことはフュステル自身も述べているが（同書六五ページ）、興味深いことに、この古代ギリシア・ローマの人々の祖先崇拝と信仰とに対して、「転生輪廻の信仰は、ギリシア・イタリアの住民の心には根をおろすことができなかった」（同書四二ページ）とも述べている。中国において、祖先崇拝の儒教が、輪廻転生の仏教と、真向から対立したことの類型がすでにあ

155

る。

さて、法学者の中川善之助は、田辺貞之助訳の同書に「薦辞」（昭和一八年）を寄せて、こう述べている。

読んで行くうちに、これは是非日本でも広く紹介さるべき名著であると熟々思った。古代のギリシアやローマや印度の人たちが考えたり信じたりしていたことの中には如何にも吾々と似ているものが多いのである。例えば日本ではよく死んだ人の命日などにその人の生前好きだった果物や菓子などをそなえたりする。それを矢張り昔のギリシア人やローマ人や印度人がやっている。ヨーロッパ人にはそれが不思議だと見えて、フュステル・ド・クーランジュは長々とこのことを書き、その基礎となった信仰のことを述べている。従って彼は歴史としてこのことを取扱っているのだが、吾々には現実の説明となるというようなところが少なくない。勿論日本の家族制度における神とか皇帝とかの観念なり関係なりは、アーリア人の家族制度に現れてこない。しかしそうした純日本的な部分の他は、実に驚くべき類似を示している。かつて岡村司博士はフュステル・ド・クーランジュの本書を読み「恍として思えらく、これ我が家族制度を説明するものに非ざるか。」と感嘆されたのであるが、岡村博士ならずとも、恐らく本書を繙く者は悉くこの感を同じくするに違いないと私は思う。

156

第四章　経学の時代（上）

また、一方、前漢代の雰囲気として——実は前漢になって突然にではなくて、その前の時代から引き続いてのものであるが——社会一般に、神怪なものやできごとへの関わりがある。

こうした神怪なことがらに関する研究は、以前から中国においても日本においても行なわれており、古代社会の実態が明らかになりつつある。それらのすぐれた諸研究の総紹介の書とでも言うべき、林富士（中国人）著の『漢代的巫者』（稲郷出版社〔台湾〕・一九八七年）という本があり、非常に手ぎわよく漢代の神怪なことがらを説明している。

「巫者」とはシャマンであるが（本書三八ページ）、いろいろな祈禱をも行なう。例えば、雨乞いや、逆に雨や洪水を止めたり、建築前そして後に土神が災いをもたらさないように祈禱をしたり、病気を治したり占いをしたり、子授りの祭祀をしたり、葬式に関わったり、とにかくさまざまな祈禱を行なっている。

この祈禱は、もちろん、その祈禱することに関わる神に対して行なわれる。いや、神だけではなくて、鬼に対しても通じることができた。本来、鬼とは、人鬼と言うように、人の死後の霊魂であり、神とは、天神と言うように、ふしぎな霊力あるものであり、もともとは両者は違うものなのであるが、人間には計りしれない力を持つ、神怪にして霊妙なものという共通性があるところから、鬼も神も、鬼神も、みなごちゃまぜになってしまった。だから、「鬼神」と言うとき、祖先の霊を指すこともあれば、神怪霊妙なものを指すこともあり、な

157

かなか分別しにくくなってしまっている。ともあれ「鬼神」と言えば、人間世界と異なった不可思議な存在として受けとめられ、この鬼神と通じることができるのが、巫者（シャマン）であるとされた。

だから、「鬼神〔は〕巫の口を用いて人に告ぐ」（『論衡』実知篇）というふうに、鬼神が巫に乗り移って、あらぬことを告げる、シャマニズムの典型が漢代に見られる。或る女性シャマンは、武帝（五経博士を定めた皇帝）の鬼神が憑りついたとき、泣きながら「孝武帝〔が〕我に下れり」（武帝が私に憑りついた）と言うと、まわりの者はみなひれ伏したという（『漢書』武五子伝）。

こうしたシャマンに対して、経学を修め官僚となっていった知識人一般は侮蔑し敵視し、否定的であり、その例は多い（前引の林富士著・二七ページ以下）。それはあたかも、君子儒（知識人層の儒家）と小人儒（祈禱者層の儒家）との関係にも似ている（本書五九ページ）。もっとも、この小人儒の系譜を引く者が巫者の一部になったのであって、また巫者には、後の道教の系譜につながる者もあったであろう。祖先の霊を招魂する儀礼とが重層していることはまぎれもない。ただ、祖霊の招魂儀礼すなわち祖先祭祀は、それだけに限定されるから、巫者の雑多な祈禱とは異なる。

このように、漢代の神怪な雰囲気に包まれつつも、祖先崇拝の行事が家族において確実に受け継がれ、儒教の宗教性は、儒教の国教化（礼教の社会化、公化）が行なわれても、びく

158

第四章　経学の時代（上）

ともしなかったのである。いや、儒教の宗教性を基礎にして、礼教の上昇化、礼教の上部構造化が成り立っていったのである。次の後漢時代が特にそれを推進することとなる。そして一方、宗教における祖先祭祀は、実際には、社会の特定宗教となることなく、各家族における行事となっていったため、一般化されてゆき、いわゆる教団宗教（仏教や道教など）とはならなかったので、その宗教性が意識されにくかったのである。あえて言えば、儒教は各家族において祖先祭祀を中心とすることで十分であり、他者にそれへの参加や信仰を求める拡大は不要であった。だから布教などありえない〈沈黙の宗教〉であった。

さらに言えば、知識人儒家（官僚がその代表）が、〈巫者のさまざまな祈禱のいわゆる〈淫祀邪教〉と祖先祭祀との混淆をきらって一線を画し、〈淫祀邪教〉を批判していったため、儒教（実は礼教面の突出した儒教）が、より一層、知的・倫理道徳的性格を表に打ち出してゆくようになった。その結果、中国の知識人自身が、漢代以来、儒教の〔宗教性を忘れ〕礼教性だけを見てそれを儒教の本質であると誤解するようになって今日に至っているのである。

事実、漢代以後の儒家は、儒教とは宗教でないとする、儒教経典内の至るところに説かれているところの、祖先崇拝に基づく鬼神の祭祀の位置づけ、その意義づけに四苦八苦することとなるのである。儒教の本質として存在する宗教性が分からなかったのであるから、宗教性の位置づけなど、できようはずがない。その無理解の代表例は五世紀の范縝という儒家の場合である。

159

范は儒家官僚であり、当時大流行の仏教を批判し、「神滅論」という論文を著わした。人間の死後、仏教では精神が肉体を離れて存在するとすること（死後、霊魂が中陰という四十九日間を過したのちに転生すること）を批判し、儒教では肉体とともに精神も消滅するとした内容の有名な論文である。中国思想史上、〈儒教の無神論〉を示したとされる有名な文章である。

しかし、仏教側から、『孝経』に「宗廟を建て、鬼神に事うる礼をもって是を享る」とあることを引いて、儒教では鬼の存在を認めているではないかとつっこまれると、范はこう答えている。

「聖人の教化がそうなのである。易経に『神にして之を明らかにする』というのは、この意味である」（『弘明集研究』巻下四九二ページ・京都大学人文科学研究所・昭和五〇年）と。

わけの分らない答である。鬼（引用の『孝経』では「鬼神」であるが、范は「鬼」とする）を祭るのは、要するに聖人が人々を教化する形式だと言うのである。范の引く『易』のことばは分りにくいが、「神霊に仮託して世人を教化する」ことを意味すると解釈する（『中国歴代哲学文選』四九二ページ・中華書局〔北京〕・一九六三年）。

冗談ではない。祖霊信仰、祖先崇拝の礼俗は、単なる形式ではない。ましてや〈聖人〉が作り出した教化方法などという知的レベルのものではない。東北アジア人が脈々と受け継い

160

第四章　経学の時代（上）

できた、死生観という人間の心の奥底に存在する感情の表現なのであって、そのような人間の本質をこそ取り入れたものが儒教であることを、この范縝はまったく分っていなかったので、誤ったトンチンカンな答を出しているのである。これは儒教を誤解した儒家官僚の典型である。こういう范流の、儒教が分っていない中国人が、今、この現在でも圧倒的である。

もちろん、日本人もほとんど同様である。

因みに、かつて招魂葬というものがあった《読礼通考》巻八十二・葬考）。これは、魂を招きよせて葬るということである。しかし、儒教の礼制では、人が死ぬと、神（魂）は浮上して天に帰り、形（魄）は沈んで地に帰ることになっている。だから形（肉体）を地に葬ることはあっても、神（魂）を地に葬ることはありえない。葬るというのは、あくまでも遺体（形）なのである。そこで、この招魂葬は何度も禁止されるのであるが、やはり行なわれていた。これなどは、実は魂の存在を認める気持の強烈さの現われであろう。例えば日本で事故死があった場所に供養塔や鎮魂碑を建てるのは、広い意味での招魂葬であり、東北アジア人の心の深層にそういう感覚が潜んでいるのである。

　　　六　経学と緯学と

人間には相い反するものを求めるバランス感覚がある。『老子』は「反は、道の動なり」

161

と言った。道が動き、その〈動〉――動きが極限までゆけば、振り子のように、必ず本に帰ってくる。それが〈反〉である。〈反すれば、動する〉これが、「反動」という意味であり、自然な動きということを捉えた、すぐれたことばである。

人間は、元来「反動」的である。油っこい料理が過ぎれば、淡白な料理を求める。単純な運動に倦きれば、複雑な運動を求める。思想の展開も同じだ。儒教において、経学の知的性格、倫理道徳的内容、公的・社会的役割が肥大してくると、その反動として、情的なもの、宗教的なもの、私的・秘儀的なものを求めるのは当然であった。

経学登場以前では、儒教においては、礼教性と宗教性とが混在していて、ほどよいバランスがとれていた。しかし、姿を変えて経学となり、それが、盛んになり、礼教性が肥大してくると、宗教性と分裂し、宗教性は家庭の祖先祭祀の中へ沈んでいってしまった。これではなにか物足りないとする気持が起るのは当然であった。また前述したように、漢代という古代においては、不思議なできごとに対してまだまだ神怪霊妙な解釈をするのがふつうであった。人々には幻想と真実との区別が定かでなかった面があった。

ただし一般的に言えば、中国人は現実的・即物的思考をするのが基本である。しかし、人間には、もう一方、程度の差こそあれ、幻想願望もまたあるので、ふつう、現実的・即物的思考と幻想志向とが混在している。中国人もまたそうであって、一般的には即物的思考ではあるが、前漢代の当時、神怪霊妙なこともまた同時に信じられていた。そういう矛盾に大衆

第四章　経学の時代（上）

は平気である。

　そうした時代の中で、一世紀、『論衡』という書物を著わした王充は、即物的思考に徹した。だから、すべての超自然的なこと、すべての不可思議なできごとについての伝説や神怪奇妙な解釈を徹底的に否定に否定した。例えば、禽息という人物が君主に百里奚という人物を推薦したが聞き入れられなかったので、門に頭を打って首を砕いて死んだ。君主はそれを痛み、百里奚を用いた、という伝説がある。この話に対して、王充は、頭首を打ったということは事実だろうが、破砕するなどということはありえないと一笑に付している（『論衡』儒増篇）。或いは卓公という官僚がいたが、賢明でまごころある人物であったので、蝗（トノサマバッタ）が大発生したとき、蝗がその人物の感化を受けたため、その行政区域に入らなかったという話がある。これに対して、蝗が行政官の良し悪しを知ることはないのであって、その土地を、たまたま、ただ通りすぎただけのことだと批判している（『論衡』感虚篇）。

　しかし、こうした常識を超えるできごとが絶対になかったとは言いきれない。頭を打った禽息の頭蓋骨がもろかったかもしれず、打ちどころによっては脳に頭蓋骨が陥没して即死ということがあっても医学的に不思議ではない。また卓公の行政区域の場合、蝗が嫌う植物を予防的に植えていたのかもしれないし、火を各処に燃やして煙を出し蝗を追いはらったのかもしれない。もちろん、蝗が卓公の感化を受けるはずもないし、禽息の頭が、こっぱみじん

に破砕したわけではない。おそらく事実は、脳の部分的陥没、蝗の被害が比較的少なかった、ということであろう。しかし、その事実に託して、〈その人間のありかたを語る〉というところに意味がある。即物的判断に徹した王充はそういう〈物語性〉を理解できなかったのである。

英雄伝説や古老の伝誦は、事実を基礎にした、人間の関心や物語の愛好という、人間的行為から生れたものであり、大衆はそれを求める。もとより中国人大衆は即物的ではあるが、それにさらに虚構の色あいを施す。しかし、中国の知識人官僚層は、即物的思考を徹底するため、大衆と乖離するところがある。中国人の場合、即物的という点では、本来、両者は共通するのだが。

王充は例えばこんな話を引く。伍子胥は呉王の夫差に殺され、煮られた上、遺体を皮袋に詰めこまれて江に投げこまれた。伍子胥の亡霊はそれを恨み、川の水を逆流させて人を溺殺する。そこで人々は、例えば銭塘江付近などでは、伍子胥を祭る廟を立てて慰め、逆流させないようにしている、と。そこで王充は言う、伍子胥の死体を江に投げこんだのは事実だが、それを恨んで川の流れを逆流させるのは虚妄だと『論衡』書虚篇）。

しかし、銭塘江の逆流は有名な事実なのである。王充は知らなかったのだろう。いつであったか、NHKテレビの特集番組でその実態を放映していた。旧暦の八月十八日ごろ、今も人々はその観光を楽しんでいる。すさまじい勢いで川が何キロメートルも逆流するのである

第四章　経学の時代（上）

から、伍子胥の憤死の恨みと結びつけるのは、庶民の英雄挽歌の気持を巧みに織りこんだ卓抜なアイデアであり、そのおもしろさの前には、王充のような「物を落せば下に落ちる」式の因果関係でものを考える常識的な即物感覚は消しとんでしまう。

『論衡』には、当時の奇怪な話が山ほど引かれている。王充はその一つ一つを否定しているが、単純に因果律によって否定しているだけのことである。しかし、逆説的に言えば、そこに引かれている神怪な話、当時の人々が信じていたもの、或いは昔も今も庶民が愛好するオカルトの実例の宝庫という点で『論衡』はおもしろい。

そうした雰囲気の中で、前漢時代の終りごろから後漢時代の始めにかけて、讖緯という神秘的な思想が登場してくる。「讖」とは、予言書である。これは超能力の世界と関わるものとされる。人々はそれを信じたが、それを最大限に生かしたのが王莽という人物である。

王莽は、娘が前漢王朝末の平帝の皇后となる。その後にどうやら平帝を毒殺したらしく、後を継いだ二歳の劉嬰の摂政となる。劉嬰が五歳のときに禅譲（自分は退位して皇帝の地位を平和的に他者に譲ることで、儒家の政治用語。この反対が、力ずくで奪いとることで「放伐」と言い、同じく儒教の政治用語）をさせ、前漢王朝を潰して自分が新という王朝を建て、一滴の血も流さずに皇帝となった凄腕の人物である。

王莽はなかなか能力のある人物であったが、有能さだけでは、せいぜい宰相どまりであって、皇帝になれない。王朝を新しく起して皇帝となるにはスター性が必要である。そこで彼

165

は讖を利用したのである。すなわち王莽のまわりに、いくつもいくつも、前兆が現われてい

ることを演出した。例えば、平帝が崩御したときの同じ月に、或るところで井戸を浚えたと

ころ、下部が四角で上部が円形――上円下方の白い石が出てきた。そこに赤色で「告安漢公

莽為皇帝」（告ぐ、安漢公〔という称号を持っている王〕莽　皇帝為れ）とあった。この前兆を

元にして、まず摂政の位に即く。このあと、このような符命（めでたいしるし）がいろいろ

現われ、ついに皇帝となったのである。また、皇帝となってからでも符命がよく現われた。

要するに、符命というしかけを作り、前漢王朝を無血で奪いとったからである。

　もちろん、こんな符命だけで皇位を奪いとれたわけではない。同時に、王莽は新政策を持

っており、行政上の改革を行なっている。しかし、政治は必ずしも知的な、冷徹な見通しを

もった政策だけで動くものではない。政治上に大変化があるときは、或る種の熱狂や興奮が

必要であることは、古今東西を問わず共通している。王莽の時代もまたそうであった。彼は、

前漢時代のオカルトの雰囲気を背景に、これを巧みに利用し、符命を出していたのである。

この種の符命などが集積されて、讖という予言書となってゆく。

　ここで説明しておきたいことがある。それは、王莽が行なった政治についてである。前漢

王朝は、五経博士を置き、経学が大きく登場した武帝のころが最盛期であったが、そこを頂

点にして力が衰えてゆく。その大きな原因は、北方の遊牧民族の強国、匈奴との長年にわ

たる戦争による国力の消耗である。そのため中央の政府の力が弱くなってくると、威令がゆ

166

第四章　経学の時代（上）

きとどかず、地方勢力が伸張してくる。当然、共同体の力が侮れなくなってくる。

となれば、中央政府の権威を再びとりもどそうとする動きが出てくる。その波に乗ったの

が王莽であり、中央集権体制の強化を図ろうとした。しかし、始皇帝流に法による強権政治

を行なうことはもはやできない。それは歴史の経験として失敗済みであり、なによりも、儒

教・経学が焚書坑儒事件などを口実にして始皇帝を徹底的に否定しつくしている。始皇帝流

の方式は、とても持ち出せない。とすれば、儒教自身の理論によって行なうしか方法がなか

った。しかし、儒教の基本的発想は、共同体の尊重であり、封建制の現代的活用・解釈・応

用であり、それと中央集権体制とを結びつけることは実はなかなか難しい。それを思想的に、

原則的に行なおうと努力したものが、例えば『孝経』であったことはすでに述べた（本書一

三五ページ以下）。

　しかし、『孝経』は原則論、総論にとどまっていて不十分であり、行政上の具体性に乏し

い。王莽の時代では、具体的政策が必要であったのである。その難問に答えるために、儒教、

経学の範囲内から浮上してきたのが、『周礼』という重要経典であった。

　『周礼』――その書名が示すように、封建制の周王朝時代の官制を示す書物、とされている。

しかし、今日の研究では、周王朝の実態を示すものではない――おそらく一部はその実態を

留めているものの――とされている。むしろ、有力な説としては、王莽のブレーンであった

学者の劉歆らの偽作とされている。つまり、王莽の政策の理論書であったというわけである。

167

図4・3　井田制

私田	私田	私田
私田	公田	私田
私田	私田	私田

土地はすべて公有であり、一ブロックを「井」字形にし、各区画（百畝＝一・八二アール）を農民に貸す。ただし、中央の一区画は公田とし、まわりの八軒の農夫が共同で耕作する義務があり、公田の収穫を税とする制度（『孟子』梁恵王篇）。その形から「井田制」と言う。

劉歆は大学者であり、当時、最高最大の図書館である宮廷の図書館の本を整理し研究している中に発見したのが『周礼』であるという。だから、『周礼』の出自にうさんくささがまとわりついていて、偽作説が強い。

それはともかく、王莽は『周礼』（今文・古文の区別で言えば、古文系に属する）に従って、実際に官制を変え、行政改革をしたのである。それは、まず周王とその下の諸侯という封建制の形式を整えることであった。すなわち、「天に二日（二つの太陽）なく、土（地）に二王（二人の王）なし」（以下『漢書』王莽伝）として、前漢時代の郡国制に基づく「諸侯王」（皇子を王としたもの。本書一二一ページ）を「公（爵）」、四夷（中国周辺の諸異民族）の「王」と僭称しているものを「侯（爵）」とし、王すなわち天子は王莽一人とした。その他、論功行賞をして諸臣を「侯（爵）・伯（爵）・子（爵）・男（爵）」に格づけし、王（天子）の権威を高めようとした。

また、従来の通貨を改めて、小銭・大銭の二種を作って正規の通貨とし、私鋳銭（民が勝手に作る銭）を禁じ、あえて作れば、連坐制で処罰し奴隷にするという厳罰で臨んだ。つま

第四章　経学の時代（上）

り、中央政府による通貨発行の独占をねらったわけである。

さらに、当時、地主や富農が増えてきていた。これは地方の共同体の指導層が力を持ってくることであり、中央政府としては規制が必要であった。そこで、土地は公有であるという理論を出してきた。古代の聖王の時代には、前ページの図4－3のような井田制という農政があったとされていた。これは、孟子などが唱えていた理論であるが、農民の土地所有の平均化と、ほぼ一割の税という課税の均分を言うものであり、そのさらに大きな背景としては、耕地は天子の公有であるとする儒教思想があった。また、その農政が古代聖王の時代にあったとする理論である。もちろん、そのような農政が実際にあったのかどうか、まだ実証は十分になされていない。おそらくは、孟子などの、古代聖王に仮託しての説であっただろう。

さて、王莽は言う。こうしたすぐれた農政を壊したのが秦の始皇帝であり、そのため力ずくで土地を兼併するものが出てきて、強者は大地主となり、弱者は土地を失い奴隷として生きているのだと。そして課税率も今は実際には五割ということで、人々は生きてゆけないのだとし、耕田を天子の「王田」とし、奴婢の売買を禁じ、土地の再配分を行なおうとしたのである。

また、有力官僚に対しては、平均化を行なった。例えば、公爵は百里平方の土地に一万戸、侯爵・伯爵は七十里平方で五千戸、子爵・男爵は五十里平方で二千五百戸、というふうに、数字的にきちんとランクづけしておき、巨大な実力を持つ者が出てくることができないよう

169

にしようとした。

その他、多くの行政改革を行なったのだが、その基礎となったのが『周礼』の思想、つまりは、儒教における或る政治理論であった。『周礼』の内容は、天子の下に、どういう官僚が何人かとか、その職分・職務などを規定したもので、厖大な構成となっている。これは中国式ユートピアである。「ユートピア」ということばは、「そのような国はない」という意味であるとのことであるが、同じく『周礼』とは、まさにそういうものである。もっとも、即物的な中国人が考えるユートピアであるから、具体的に人数や、その身分や職階などを細かく記しており、単なる夢想的な楽園を描くというのではない。また、『周礼』は儒教の経典の一つとなったので、後世、『周礼』に基づく行政を行なうということが何度か試みられたのである。

例えば、宋王朝時代の十一世紀、王安石という大天才が登場し、『周礼』に基づく政治改革を行なった。或いは、五・六世紀の北魏・北周時代、均田制という土地均分の行政改革を行なったのも、その系譜上にあるとされている。そして、七世紀の唐王朝にそれが受け継がれていった。さらにその影響を受けた日本では、土地均分をねらった班田収授の法が実施されたのである。儒教の土地政策は基本的には公地（公民）である。

山川藪沢は、もちろん天子の所有であり、いわゆる公界である。穀物を作り出す耕田以外の地、すなわち、『周礼』では、『周礼』と日本の律令制との関係は、唐の制度を中間にして、

170

第四章　経学の時代（上）

もっと研究されてしかるべきであろう。

さて王莽にもどると、王莽は『周礼』ユートピアの幻想に酔い、その〈幻想の現実化〉を図ろうとしたのだが、土地の再配分と均分化と、という至難の国策を遂行するのに十分な政治的力量に欠けていた。それどころか急激な諸改革は、結局、利害がからみで、社会の中枢にいる人々の猛反撥を受け、各地に大反乱が起り、結局、最後は殺されて王莽の新王朝は崩壊した。わずか十四年間であった。しかし、ついでに言えば、王莽のあと、後漢王朝を建てた光武帝もまた識を十分に利用した。自分の即位を合理化したのである。因みに、この光武帝の崩御のころ（西暦五七年）、日本の奴国からの大使が都に到着している。有名な「福岡県の志賀島で出土した」漢委奴国王という金印をもらったのはこのときである。

さて、識緯と言う場合、識は符命などを集積した予言集であるのに対して、緯つまりは緯書は、本来、識と直接に関わるものではなかった。しかし、同時代であり、神秘的であったので、同類とされるようになった。だが、識と違って、緯書には理論があった。そのため、西暦の始め前後から七・八世紀までの唐代までずっと生きていったのである。

経書の「経」とは布を織るときのタテ糸であり、緯書の「緯」とはヨコ糸の意味である。地球儀にタテに東経・西経、ヨコに北緯・南緯と区分線を入れているが、ちょうどそれのようなものである。

　経——タテ糸とはまっすぐということである。人間の常識的感覚では、このタテとは、正

しいもの、規準となるもの、といった知的雰囲気がある。だから、儒教では経典がまさにそれにあてはまる。経典とは「易経、書経、詩経、周礼、儀礼、礼記、春秋左氏伝、春秋公羊伝、春秋穀梁伝」などである。しかし、現代人が文献として儒教経典を扱うのと違って、かつての人々は、経書とは聖賢のことばであり、この世の真実、知恵などのすべてがそこにあると信じていた。そして、経書を通して、聖賢を尊敬し憧れ、いつの日か自分も聖賢と成れるように経書の教えを努力して実践しようとしていたのであり、それが経学が存在した大きな内的理由である。

だから、もしこれを徹底してゆくと、孔子信仰となってくる。そうなると、孔子が歴史上の人物であり、かつて生きていた人間であったという見かたではなくて、人間世界を超えた超能力者というイメージとなってくる。

こうした超能力的人物となってくると、現実の地上の世界の人ではなくて、一般の人間にとって測りしれない世界の人、というふうにだんだん空想的に舞いあがってくる。そうした測りしれない世界の代表と言えば、これは決っている。天上、宇宙など広い空間が舞台となってくる。

そういう孔子像とオカルトの時代の時代の舞台装置とを俟って、さまざまな神秘的文献が、後漢時代（西暦始めから三世紀の間）に大量に登場してきた。この種の文献が集積され、緯書と言われるようになる。さらには、その緯書に基づく学問を緯学と言うようになったのである。

第四章　経学の時代（上）

この緯学・緯書と、経学・経書とがともに盛んとなってゆく。言わば、経書を読み聖賢を理想像として、そう成るよう同一化を求めて努力実践する知性的な経学と、緯書を読み、聖賢を仰慕し、〈聖賢のこの世ならぬ世界〉に身を沈めてゆく感性的な緯学と、この経と緯とが織りなす儒教の時代となり、それが続くのであった。

緯学は、天と人との行為は相関しているとか、地上の災異と星の運行とに関係があると見るとか、歴史は循環するとか、或いは宇宙論を述べるとか、天文や天文に基づく歴史、また占星術といったものを基礎としている。一見したところ、荒唐無稽に見えながらも、奔放で雄大なスケールで天を捉え、その運行を人間世界に結びつけている点は、経学の人間中心の日常的世界と対照的である。それは経学にはない魅力を持っている。

しかし、讖や緯書は予言を生命としていたので、革命と結びつけられやすかった。革命というのは、天が政権担当を新しくだれかに命じるとき、「天の命（政治を担当せよという命令。天が与えた政権）を革める」ことになるので「革命」と言う。中国におけるそれは、ほとんど体制に影響はなかったので、漢代以後、革命は政権奪取のクーデターという意味に近く、体制の変革をめざすいわゆるリボリューションではない。ただし、一九一一年、皇帝制を倒して共和制をもたらした辛亥革命はリボリューションであった。

この、中国的革命（クーデター）と結びつきやすい讖や緯学は、政権担当者にとって許しがたいものがあった。また、知性を重んずる典型的な経学者は一般的には緯書を嫌った。そ

173

のため、後漢以後、歴代王朝の何人もの皇帝が緯書を禁じてゆくことになる。そしてついに、七世紀の隋王朝時代、煬帝は即位すると緯書を焼き、緯学者を死刑に処した。もっとも次の唐代にまで緯学はまだ生き延びていたのだが、その次の宋代になると、緯学はほとんど絶えてしまう。

＊後漢時代の大経学者である鄭玄などは、経書と同じように緯書を扱い、注解を施している。

しかし、七、八百年にわたっての緯学の存在は、今日、無視することはできない。唐の時代に『五経正義』という、経書の標準解釈書が国家的事業として作られるが、その経書解釈をする際、緯書が引かれており、拠りどころとされていることがかなりある。また、その思想はさまざまな形をとって今日に至るまで残っているものもある。

例えば、緯学では、辛酉の年には革命があるとされ、日本では辛酉の年に年号を改元した例が多い。或いは、陰陽道という日本独自の神秘的思想があるが、それは陰陽五行思想を基礎としており、遠く緯学にその源流を求めることができるとされている。そういった点については、すでに安居香山らのすぐれた諸研究がある。

後漢時代になると経学が完成し、経学が儒教の中心になったことは、儒教における礼教性の色彩が濃くなったことである。それを示す絶好の説話がある。それは後漢時代にできた

第四章　経学の時代（上）

「孟母三遷」の説話である。

　孟母三遷とは、後漢時代に作られた話らしく、次のようである。孟子の幼ないころ、はじめ住んでいたところが墓地のそばであったので、孟子は葬式の遊びばかりしていた。孟子の母は、これはいかんというわけで移転した先が市場のそばであったので、こんどは商売のまねをして遊んだ。これは困るというわけでまた移転したところ、学校のそばであったので、礼を学び勉強するようになった、と（『列女伝』母儀篇）。三度の移転というこの説話は勉学環境を重んじた賢明な母親像という教訓であるが、この話を読むと、葬式の地位が低くなっている。しかし、孔子の場合、子どものとき、俎豆（俎は、脚つきの台。豆は高坏。祭祀のときに供物を容れるもの。本書五三ページの絵）の遊び、すなわち葬式をも含んだ祈禱礼のまねをして遊んでいたという（『史記』孔子世家）。孟子も学校のそばに移ると俎豆で遊んだが、葬式を超えた礼学一般の模倣という意味だろう。後漢時代の経学全盛のころは、知的儒者（君子儒）はもはや葬儀や祈禱などとは実質的に離れ、いわゆる知的な学問を第一に重んじていたことをよく示しているではないか。しかも、孔子・孟子という両重要人物の幼児のエピソードであり、宗教性の濃い原始儒家時代と、『列女伝』のできた礼教性中心の経学時代との意識の差をよく表わしている。

175

第五章

経学の時代（下）

十二世紀、宋代の大哲学者・朱熹（しゅき。朱子）六十一歳の像（『朱子実紀』より）

一 儒教・仏教・道教――三教

後漢時代は、王充が指摘するように（本書一六三ページ以下）、オカルトや俗信の渦巻く時代でもあった。そのような時代を背景にして神秘的な緯学が流行した。

こうした神秘的雰囲気は、宗教の受け皿となる。儒教自身の宗教性は、各家族における祖先祭祀となり個別化したため、教団といったものができなかった。だから、儀礼が慣習化され、儒教徒自身が、キリスト教教会や仏教寺院のような、いわゆる教団化された宗教が与えるような宗教性を意識しなかったのは、やむをえなかった。しかし、人間は宗教を求めるため、一つの出口として、讖緯への関心を強めることとなった。そして、一方、また別の出口として、仏教や道教に向かうこととなった。

今日の研究では、道教の由来は非常に古いとされているのであるが、それは今は問うまい。今、われわれにとって意味があるのは、そういう原初的な創成期のものではなくて、はっきりとした主張を持った宗教の登場と存在とである。その意味で、後漢時代から教団として登場してくる道教を念頭におきたい。また、仏教の中国への伝来は古くからあったようであるが、道教の場合と同じく、そういう歴史事実を今は問うまい。後漢時代における仏教を念頭におきたい。

第五章　経学の時代（下）

この、仏教・道教ともに、後漢時代から魏晋南北朝時代、そして隋唐時代へという、七、八百年の間、中国において盛んであり、その間、はじめは儒・仏・道の三教が争い、やがて融和してゆくという歴史があった。「儒教とは何か」と問うとき、当然、仏教・道教との連関が問題となるし、その連関の中で、儒教の真相がいっそう明らかとなるであろう。

さて、儒教の場合、私は、礼教性と宗教性との混淆から、分裂した二重構造へという歴史の展開があったと見てきた。その礼教性の場合、人間世界の究極においては政治理論ということになる。この政治理論という点では、仏教・道教はともに理論がないので、始めから勝負があった。すなわち儒教の優勢は当然であった。

しかし、政治理論が人間の理論の最高のものではない。その上部に、すなわち、人間世界の上部にまた世界がある。それは宇宙論であり、さらにつきつめれば形而上学（存在論）である。しかし前漢時代から唐代までの儒教には、単純な宇宙論・形而上学しかなかった。例えば、『易経』において述べるような「天地があって、陰陽があって……万物ができる」といった粗大なものである。もっとも、緯学がその補いをして、かなり宇宙論を説いているのだが、体系性に乏しかった。それに比べて、仏教には体系的な宇宙論・形而上学があり、道教も、『老子』以来、宇宙論・形而上学への志向があったので、その議論が豊富であった。

だから、論争のとき、儒教は、政治理論そしてその基礎の家族理論の土俵に仏教・道教を

179

引っぱりこもうとしたのに対し、仏教・道教は、逆に宇宙論・形而上学の土俵に儒教を載せようとした。とすれば、土俵が違うのであるから、三者の議論は嚙み合わなかった。

しかし、三者に共通するものの場合、これは同じ土俵上の論争となるので、そういう点を見てみると、三者それぞれの立場の相違をはっきり知ることができる。その共通する重要な問題はいくつかあるが、最重要点はやはり〈死について〉である。

死——その恐怖の解決方法の説明こそ、宗教にとって最大の課題であるからである。すでに述べたように、仏教は輪廻転生を説き、儒教は招魂再生を言う（本書一八ページ）。それでは、道教はどう説くのか。結論を先に言えば、死の恐怖の解決として道教は〈不老長生〉を説くのである。

儒教の再生理論は、生と死との区別が定かでなかった時代では実感があっただろう。それは、肉体の死が避けがたい真実であることを前提として、それに対してせめてもの心安らぐ説明を求めた結果の産物であった。しかし、人智が進むにつれ、医学が発達してくるし、生と死との区別もまたはっきりとしてくると、肉体の死がいったん訪れてのちの招魂再生ではなくて、肉体自身の死を逃れたい、すなわち、この自分の肉体自身が長く生きてありたい、願わくはこの世に永遠に生きてありたいと希うようになってくるのは自然である。分けても、即物的な中国人のことであるから、この永遠の生（永生）、或いは、せめて長く生きていたいという気持（長生）の可能性を必死に探るようになる。その〈不老長生〉が可能であると

180

第五章　経学の時代（下）

説いたのが道教である。当然、その〈不老長生〉は、儒教の〈招魂再生〉と並んで、即物的・現実的な中国人に対する死の不安や恐怖の解決方法として圧倒的に支持されたのである。

しかも、儒教が、死自身についてはただその運命を受け容れるだけであり、無抵抗であるのに対して、道教は、死に対して敢然と挑戦し、具体的な延命を教える。例えば、肉体の運動をして鍛練する。今日も行なわれている気功術や太極拳はその系譜上にある。或いは薬を飲んで病気を予防したり延命する。サルノコシカケなど、キノコ（道教ではキノコ類を霊芝と言う）類を始め、水銀（水銀は皮膚病によく効いたので、かつてはよく使われた。また、栄養や衛生の状態の悪かった昔は、皮膚病が多かった）に至るまで多くの薬があり、対症療法的に調合も盛んである。また、穀類を食べないという食餌療法や、深呼吸法など、精神や身体の安静によってストレスを解消したり、深山幽谷に住んで森林浴をするなど、今日のさまざまな健康法の原型がほとんどすでにあり、実行されていた。そして、その努力の最後は、永遠の生命を持つ仙人となることができるとした。のみならず、信者の場合、道教の神々を拝むことによって、現世利益も得られることとなり、多神教の中国人のことであったから、商売の神・病気平癒の神・縁結びの神……というふうに、日常の信仰にもまた広く食いこんでいった。生命を長くし、財物を増やすことができる宗教、それなら盛んになるのは当然であった。その結果、事実上、あっと言うまに、道教が広がり、中国人の民族宗教となったのである。

建前としては［公的に］昼は儒教、本音は［私的に］夜は道教、というのが中国人の一般的

生活であったとさえ言われるようになる。

儒教──子孫の祭祀による現世への〈再生〉──招魂再生

道教──自己の努力による不老〈長生〉──不老長生

仏教──因果や運命に基づく輪廻〈転生〉──輪廻転生

　それでは、再生や長生という現世への執着に満ちていた中国人が、なぜ輪廻転生という異質の仏教を信じたのかという問題がある。結論を先に言えば、仏教をよく知っていた知識人は別として、民衆の壮大な仏教誤解があったからである。すなわち、輪が回り続けるように苦しみが〈転生〉して長く長く続くという点がすっぽりと抜け落ち、死んでも来世に再び〈肉体を持って〉生れることができるなら良いではないかと考えたのである。なぜ良いかと言えば、中国人は現世を苦しみの世界でなく楽しい世界と思っていたから、楽しいこの世に肉体を持ってもう一度生れることができる転生を良いものと思っていたのである。しかも、中国人にはインド人が考えるような長い時間の観念はないから（本書一四八ページ）、永遠に輪廻するなどとは考えず、せいぜい三世（過去・現在・未来）というところであった。また三世応報なら、努力すれば、因果応報で来世の生活が良くなるのはいいと、現実的中国人は、努力の仕甲斐のあるものと受け取ったのである。その上、儒教の〈再生〉は、神主・木主（魂の憑りつくところ。本書一九ページ）におけるものであるから、結局は観念的とならざるをえない。生きた肉体を伴わない〈再生〉であるからである。しかし、仏教の〈輪廻転生〉

第五章　経学の時代（下）

を「輪廻」ぬきで、また生きてあること自身が〈苦〉であるということや、それがとほうも
なく長く続くという仏教の前提をぬきにして、現在から未来へという
レベルで〈転生〉を言うとき、それは〈楽しい〉この世に、儒教のように神主に憑りつくだ
けではなくて、快楽を尽せる生きた肉体を持って再生することができるというふうに誤解す
ることとなる。しかし、この誤解は、同じく再生を説く儒教に比べてかえって魅力的であり、
こういう壮大な誤解によって、民衆において仏教が大流行したのである。それが、魏晋六朝
時代から隋唐時代に至る状況であった。

この状況を憂えた儒教知識人は、輪廻転生説を批判することとなったが、最大の問題は、
仏教では霊魂が死なずに転生するところにあったため、儒家は、仏教批判のために、なんと
霊魂の存在を否定するという立場に至る。こういう立場は、儒教から言えば、誤りなのであ
るが、そうなったわけは、当時の儒教知識人が、霊魂の存在を認める自分たちの宗教性を忘
れ、礼教性でこりかたまっていたため、霊魂の否定という逆の立場になってしまったのであ
る。范縝（はんしん）（本書一五九ページ）などは、その典型であり、ここから、儒教知識人の大いなる
儒教誤解が始まることとなった。

もっとも、一方、仏教を研究し、その理論に精通した中国知識人もおり、彼らは、苦の連
続を基礎とする輪廻転生の本当の意味を知っていた。またインド人仏教徒も中国にたくさん
来ていたし、逆に、中国人仏教徒でインドへ留学した者もあったので、仏教並びにインド思

183

想についての思想史的展開が中国においてあった。

しかしそれは、仏僧や一部知識人たちの間におけるできごとであって、一般民衆にとっての仏教とは〈死後も楽しいこの世に再び生れ変ることができる〉ものであり、それならいいではないかと誤解された仏教であった。そうした好意的受け入れの根本原因は、この世をインド人のように〈苦〉としないで〈楽〉とする中国人の現実重視の観念にある。死後、〈苦の世界〉でなくて〈楽の世界〉へというこの発想が中国人民衆に広がった結果、その突きつめた形として浄土思想が大流行となる。すなわち、死後、浄土に〈往〉ってそこで楽しく〈生〉きる、すなわち〈往生〉である。

これは日本においても大流行する。こうした浄土思想、すなわち、死後に長い長い輪廻の苦しみが待っているとはしないで、阿弥陀如来の衆生を救うという本願にすがって浄土へ行けるとするのは、中国人や日本人、楽天的な東北アジア人にぴったりであった。因みに、中国では、仏教におけるいろいろな考えかたのうち、結局、自力の禅と他力の浄土思想との二つが残る。自力の禅は、老荘思想の超世間、脱俗、自然重視といった考えと結びついてゆく。

さて、中国民衆の仏教誤解が広がってゆくうちに、中国知識人の仏教理解においてもその影響が現われてくる。すなわち輪廻転生ではなくて、浄土において生きるとか、或いは単なる再生というふうに。隋唐時代を境にして宋王朝になってくると、中国知識人自身において、輪廻ぬきで仏教を誤解してゆく者も現われてくる。

184

第五章　経学の時代（下）

　一方、仏教側にも大きな変質があった。仏教が中国に渡ってきても、中国人の祖霊信仰・祖先祭祀が強烈であったことは言うまでもない。儒教の祖先崇拝は仏教の輪廻転生の立場と真向からぶつかる。まして、葬式に関しては、儒教式がふつうであった。そこで、仏教がこの祖先の祭祀や葬儀に食いこむためには、輪廻転生の思想から言えば無関係な祖霊信仰や祖先祭祀を取りこむ必要があった。そこで、その努力がなされてゆく。その柱となったのが、儒教の根核である〈孝〉であった。

　しかし、輪廻転生し、祖霊・祖先の観念のない仏教に、儒教の祖先祭祀に至る〈生命論としての孝〉などあろうはずがない。当然、孝について説く仏典もない。しかし、なければ話にならない。ではどうするか。こういうとき人間の考えることは同じである。経典がなければ偽造するまでである。そこで生れてきたものが偽経（インド原典のない仏典）である。例えば、『盂蘭盆経』であり、『父母恩重経』である。

　『盂蘭盆経』とは、八月（旧暦七月十五日）にある、いわゆるお盆行事の根拠となる経典である。シャカの弟子であった目連の母は、その死後、転生して餓鬼道の世界に堕ちていた。目連は神通力があったので母を救おうとするが、どうもできない。餓えている母に食べものを捧げるが、母が食べようとすると食べものが火となって母を焼き、かえって苦しめる。そこで目連はシャカに救ってほしいと頼む。するとシャカは、多くの僧侶の祈禱と僧侶に出す御馳走などを供えることとによって救われると教える。その教えに従ったところ、母は救わ

185

れた。また、シャカは、過去七世にわたっての父母、すなわち祖先もまた救われるとした。こういう目連説話から、仏教における祖先祭祀が合理化され、盂蘭盆の行事として流行してゆくこととなる。

『父母恩重経』とは、現世の孝を説く経典である。或る夫婦が男子を生み、愛情の限りを尽す。文面では過保護、愛情過多の気味があるが、それは別として、こうして成長した子が結婚する。すると、新婚夫婦は、いちゃつくばかりであって、父母のことを顧みない。訪ねてもこない。老いた父母は談笑の楽しみもなく、夜着は冷たくノミやシラミも多く、夜明けまで眠れない日が続く。そのうちに孫が生れるが、嫁も孫も祖父母を尊敬しないどころか、罵(のの)し辱(はずか)しめる。そして子は父母に対して「老い耄(お)れて世に残るよりは、早く死なんにしかず」(老いぼれて生きるより、早く死んだらいい)とまで罵った。という話を引いて、シャカは、こういうことを言う人間は、そのことばとともに、地獄・餓鬼・畜生の世界に堕ち、いかなる仏といえども救うことはできないと述べる。次いで、子を育てた父母の恩の重いことを具体的に説き、「孝養の一事は、在家・出家の別あることなし」と説く。

このように、仏教側から儒教の孝を取りいれてゆこうという努力が行なわれたのは、中国における儒教の根深さを物語る。

しかし、日本における儒教は、中国ほど根深くなかった。仏教が日本に広がった奈良時代、儒教が一般民衆の家族の精神的バックボーンとなっていたのかどうか疑問である。世界各地

第五章　経学の時代（下）

に見られる祖霊信仰・祖先祭祀は、もちろん日本においても古くからあった。ただそれが儒教の理論と合流していった程度は、中国ほど根深くなかったのではないか。

もちろん、中国の王朝と外交関係を持ったクニ（まだ統一国家でない地方政権）の政務中枢部においては、外交文書を作ることに始まり、諸文献の整備や発行において儒教が大きな意味を持っていたであろうが、民衆レベルにおいてどの程度であったものか、実証は難しい。

ただ根深くなかったと言えるのは、日本に仏教が渡ってきてから、儒教の抵抗が中国におけるほどは強くなかったことから、そうではなかったとうかがえる。宮中においては、儒教的教養人や官僚が相当いたではあろうが、奈良・平安朝の仏教が流行を見るとき、儒教が各家族にまで入っていた中国におけるよりは、仏教の普及が早かったと考える。

また、仏教においても、中国における貴重な経験があった。すなわち、祖霊信仰・祖先祭祀そして死に関しては、輪廻ぬきの再生ということでなくては、東北アジア人には通用しないという貴重な経験である。それは中国において実験ずみであった。とすれば、中国を経て渡ってきた仏教は、日本において、そうした経験を生かした食いこみをしたのは当然であった。ここに、日本における仏教が、始めから、とりわけ祖先崇拝や供養や喪礼を強く前面に出してきた理由があった。

〔或いは朝鮮を経由して〕、日本に渡ってきた仏教は、日本における仏教が、始めから、とりわけ祖先崇拝や供養や喪礼を強く前面に出してきた理由があった。

そのため、日本における儒教は、宗教性を持つ〈儒教〉であるよりは、礼教性の強い〈儒学〉への方向をはらんでいたのである。それが最も色濃くなるのが、江戸時代である。そし

187

てキリスト教を禁ずることを大目的とする寺請制度（いわゆる檀家制度）によって寺院が葬式を一手に握ってからは、いっそうその傾向を深めてゆく。

二　選挙——推挙から科挙へ

中国は、早く周王朝の時代から統一国家であった。もちろん、そののち王朝の興亡がくりかえされ、何度も複数の王朝が並び立つこともあった。しかし、だいたいにおいて統一国家であった。

その際、天子が最高位にあったので、すべては天子の下にあった。そのため、ときとして天子のその地位と衝突するものがあった。それは宗教である。例えば、仏教徒は、仏や仏教の大元である法（根本の教え。法律という意味ではない）や戒律に対して敬意を表することが第一である。すると、僧侶は天子に対してどのように接すべきかということになる。当然、仏教徒は、世俗儀礼として天子に拝礼する必要がないとした。これは「沙門不敬王者論」（沙門は王者を敬せざるの論）と言われる立場で、実行されたこともあった。しかし、八世紀の唐代になると、僧侶も臣下となり、天子に対して拝礼するのが当りまえとなった。

すなわち、政治が宗教の上であった。一方、比較として興味深いのは、キリスト教文化圏である。キリスト教全盛時代、キリスト教は政治の上にあった。フランス革命は、現実政治

第五章　経学の時代（下）

に対するキリスト教支配を否定した。これが〈政教分離〉である。しかし、東北アジアの儒教文化圏では、政教分離の必要などなかった。始めから宗教は政治の下だったからである。

このように、すべては皇帝の下にということになる。儒教は前漢時代にすでに国教として公認されたのであるから、もちろん体制内にある。否、むしろ積極的に体制内において、自分たちの立場を推し進めようとしたのである。そして、その具体的な場所とは、皇帝の下に官僚となることであった。

前漢時代になって皇帝制中央集権国家のシステムが完成したわけではない。周代以来のいろいろなものを引きずりながらの中央集権化である。とすれば、侮りがたい有力な大・中・小共同体、いわゆる貴族——名門・豪族と妥協しあってゆかねばならなかった。

ここに、官僚たちの性格づけの問題が起こってくる。徹底的に皇帝の手足となる官僚を持つことが、中央集権国家の貫徹ということになるが、そのようなことは、前漢・後漢王朝の力量では、とてもむりであった。しかし、皇帝としては、そういう直属的な官僚を持つことが理想であった。それが成功するのは、隋・唐代あたりからの科挙合格者の登場である。科挙とは、「科」目によって人材を「挙げ」（選択して）用いるという意味で、文官高等試験である。科挙出身の官僚は、皇帝に対して忠誠を誓う直属的な臣下であった。

こうした厳正な試験である科挙の制度が設けられるようになる隋代以前は、相当に問題があった。

漢代では、推薦が中心であり、その推薦を受けた者が、天子から口頭試問を受けた。

しかし、推薦制というものには、どうしても情実がはいりやすく、下らぬ人物が選ばれるといいうようなことが多かった。それに売官売爵もあったから、推薦を必ず得なければならないことはなかった。次いで、魏晋南北六朝時代になると、約四百年間にわたって九品官人法という方法となる。これは中正（大・中・小とある）という選抜官が推薦するわけであるが、これも推薦制にありがちな情実に流れ、有力貴族の子弟が推薦される、ということで崩れてゆく。

結局、隋代になって試験制の科挙制が布かれ（五八七年）、以後、一九〇五年に至るまでの千三百年間、それが続くこととなる。すなわち、人物を「選び挙げる」（選挙）方法が、推薦制（推挙）から試験制（科挙）へと変ったのである。科挙は公平な試験であったから、優秀な人物を得ることができた。そしてこの試験の規準となるものの中心が、儒教であった。もっとも、漢代や魏晋南北六朝期も、その人物の道徳性といったことが採用規準であったから、儒教は、漢代以後、科挙廃止に至るまで、官僚の教養として必須のものとなった。そして、この科挙合格が知識人の目標となり、いわゆる受験勉強が行なわれるようになってゆく。

その際、解釈の標準が規定される。例えば、清朝では、次のようになっている。各省の都で行なう郷試（第一次試験）では、例えば第一場（九日の日）では、四書（論語・中庸・孟子・大学）についてのものが三題、五言八韻詩一題である。続いて第二場（十二日の日）では五経（易・書・詩・春秋・礼記）について各一題が出る。次いで第三場（十五日の日）では、時

第五章　経学の時代（下）

事問題に関する意見を述べさせ、識見を問うもので、五題。その文体は八股体といわれる規則づくめのもので、字数も一題につき三百字以内である。この郷試の合格者は挙人という称号を得た。

挙人らは次に北京で会試（第二次試験）を受ける。この形式や題目は郷試の場合と同じである。この合格者は貢士という称号を得た。次いで、貢士は天子みずから来臨する最終試験の殿試に参加する。これは、出題された問題に対して、必ず一千字以上で自分の意見を述べるもので、漢代において行なわれた伝統ある形式である。「策問」に「お対えする」ということから「対策」と言う。これに合格したものは進士という称号を得た。

因みに、清末において、外国に留学した者に対して、次のように定めている。例えば、日本への留学生の場合、中学校（旧制）を卒業し、旧制高校および同等の実業学校（旧制の専門学校）を卒業し、優等の証書を得たものは挙人に相当するとした。

また帝国大学において、一科ないし数科を専修し卒業した者や選科（旧制高校出身者でないものの進学課程）の卒業証書を得た者を進士に相当するとした。さらに、帝国大学を卒業し、かつ学士の称号を得た者は、進士の中でも二甲という グループに相当するとした。進士は、上位から一甲（三人）、二甲（若干名）、三甲（若干名）のグループに分けていた。そのランクによって、官僚としてのスタートのランクや方面が異なる。

さて話をもどすと、科挙に合格してゆくためには、四書・五経を勉学することが必須であ

191

った。また、こうした経書の解釈は、宋代の儒者の解釈に従うことを標準とした。そうなると、経学はしだいに科挙の準備のための学という様相を帯びてゆくようになってゆく。そうなると、儒教を学ぶ一般の者は、経学を通じて深い思索を試みるよりも、とにかく試験に合格するために経典の文章の暗誦を第一とするようなことにならざるをえなくなる。

しかし、それはずっと後世の清朝の場合であり、科挙制が確立してゆく唐・宋の時代では、まだ活気ある状況であった。と言うのは、魏晋南北六朝時代の貴族出身者らと異なり、唐・宋の科挙出身官僚の多くは、自分の努力でその地位をかち得た、貴族・門閥以外の新しい階層の人々であったからである。

こうして宋代を迎える。天子直属の科挙官僚のシステムが完成した、この宋代において、経学もまた新しい展開を示すこととなる。それは、宋学或いは欧米では新儒学とも呼ばれる経学である。それは、広くは「宋学」、狭くは「朱子学」と呼ばれている。

三 朱子学

① 存在論宇宙論

前漢時代、国教の地位を得た儒教は経学として発展したが、後漢時代の後半から強敵を持つこととなる。仏教と道教とである。

192

第五章　経学の時代（下）

仏教と道教とは、後漢の次の魏晋時代から南北六朝時代にかけて中国人にたいへんな支持を受けた。その時期は、動乱が続き、人々は前途に不安を抱き、その精神的救済を求め、それが仏教・道教という宗教に接近する大きな原因であったとされている。また、儒教が秩序を重んじる礼教を強制したが、礼教の形式主義への反撥が強く、それらの時期の流動的状況に適合しなかったとも言われる。

なるほど、魏晋南北六朝期の変動きわまりない王朝の交替は、時代の不安や自由への憧れを醸成したことをよく説明するもののように見える。事実、中国思想史の大半の教科書はそのように説明している。

しかし、こうした説明に対して、私は青年時代からずっと疑問を抱いて今日に至っている。その疑問とは、こうである。魏晋南北六朝時代は典型的な中共同体（貴族）の力が強かった時代である。各中央集権政府はこの貴族に手を焼いた。彼らはその実力によって、ときには王朝を支え、ときには王朝を転覆した。そういう貴族が基本とするのは、もちろん家族であり一族である。当然、この家族なり一族なり彼ら諸共同体を支える理論は儒教である。事実、この時代に儒教の研究や精密な注解を行なうことが盛んであり、その成果を基礎にして、次の唐代において『五経正義』という、五経（当時、重要とされた五つの儒教経典。すなわち、「易経・書経・詩経・礼記・春秋左氏伝」）についての標準的解釈が完成している。このように、魏晋南北六朝時代において、儒教の占める位置が大きい点について、中国思想史家の評価が

193

低いのが、私の疑問である。

さて、そうした魏晋南北六朝時代の儒教における精密な注解は、仏教における精密な注解の影響を受けたものとする説明がふつうであるが、これもまた私には疑問である。と言うのは、仏教の影響が小さかった後漢時代、すでに例えば鄭玄といった大注釈家が登場しており、仏教学における注釈やその方法とは関わりなく、独自の注解を行なっていた。この時代、儒教の諸方面に通じた博学の儒者が登場してきたことが特徴であり、彼らは「通儒」と言われた。

例えば、魏晋南北六朝期の儒教注釈家はこの鄭玄らの仕事に胸を借りていたと言って過言でない。

にもかかわらず、儒教が仏教・道教を強敵と意識したのは、仏教・道教両者がともに宇宙論・形而上学（存在論）を持っていたのに対して、儒教（経学）は十分なそれを持っていない弱点を知っていたためである。もっとも、緯学には宇宙論・形而上学があった。特に『易』についての宇宙論・形而上学には、或る体系があったのであろうが、その全貌を体系的に述べ、結論だけしか述べていないし、またその分りにくい神秘的表現ゆえに、堅固な理論性として前に出せるとは言いがたい。

魏の大思想家、王粛は鄭玄の仕事の全否定という形で独自の論を立てていっている。

そのため、儒教は仏教・道教に対して、もっぱら自分が得意とする家族理論や政治思想をもって攻撃することとなる。例えば、僧侶は出家するが、家を捨てて家族の生活や祖先の祭を

第五章　経学の時代（下）

祀はどうなるのかとか、「身体髪膚、これを父母に受く。あえて毀傷（傷つける）せざるは孝の始めなり」という『孝経』の文を引き、僧侶の剃髪（髪の剃り落し）を批判した。

さらには、肉体の死後、霊魂が〈生きて在る〉ことを批判した。儒教としては、死後、鬼神となって浮遊しているわけであり、現世の人間と同じように〈生きて在る〉わけではなかった。もっとも、儒教はこの鬼神の存在を認めるがゆえに、仏教側から、儒教も霊魂の存在を認めているではないかと逆襲されたりもしている。

さて、この種の「儒教・道教・仏教三者が鼎立しての」論争が、魏晋南北六朝時代から隋唐時代へと約六、七百年続いていたのであるが、十一世紀の宋代になって、儒教側から、宇宙論・形而上学に弱かった点を補おうとするようになる。その役目を担ったのが、宋学である。

宋学とは、宋代のこの新しい傾向の思想を指し、新儒学とも言われる。その中心人物が朱子（朱熹）であるので、宋学は朱子学とも言われる。だから、朱子学は朱子個人の思想を表わすだけではなくて、宋学の代名詞とも言うべきものである。

さて、宋学の最大特徴は、次ページの図5‐1のように従来の儒学理論体系に宇宙論・形而上学を重ねたことである。

ふつう中国思想史の教科書は、朱子学の宇宙論・形而上学は仏教や道教のそれの影響を受けたものとしている。事実はそういうことであろう。しかし、思想家であるならば、それまでの思想を勤勉に学習し、関係する諸文献を読破するのは当りまえのことであるから、朱子

195

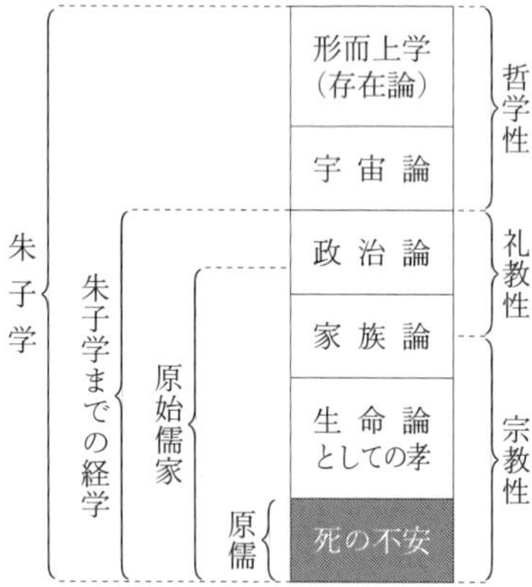

図5‐1　朱子学の体系

たち宋学の思想者が仏教・道教の宇宙論・形而上学を知っていたのは当然であろう。問題はその先である。重要なことは、宋学の人たちが、自分たちの儒教理論の体系化へと志向した点である。すなわち、思想史的発展とでも言うべきダイナミズムがあった。これに対して、道教や中国仏教は、自分たちの弱点を補うための、独自の家族理論や政治思想を十分に作りえなかった。そのため、政治や家族の問題を包含した理論体系を作りえず、中国において、終に儒教の地位に取って代ることができな

かったのである。

さて、宋学における宇宙論・形而上学の原型は、周濂溪という人物が作りだした。次ページの図5−2のような太極図という展開であり、周濂溪はその解説文の『太極図説』を著わしている。

図形「太極図」は上から下へ、すなわちAからB・C・Dを経てEとなることを表わしている。Aは「無極而太極」という状態である。この状態はもともと@「無極よりして太極」(無極であって同（無極から太極になる）という意味であったが、朱子が⑥「無極にして太極」

第五章　経学の時代（下）

時に太極である）という新解釈を与えた。朱子はこう言う。⑥のような解釈であると、無か
ら有が生れることとなる。それは無から有が発生するとする道教の宇宙論・存在論であると
した。これは『老子』「天下の物は有に生ず。有は無に生ず」を念頭においたものである。

また、無（無極）から生じた有（太極）であるとすると、それは限定された個物（一物）と
いうことになってしまい、万物を生むこと、すなわち千変万化する根本（万化の根本）とす
ることはできないとした。また、太極の原因として無（無極）を置くとするならば、それは
エネルギーのない空空寂寂たるものとなり、万物を生む根本（万化の根本）となることは
できないとした。そこで朱子は、⑥の解釈「無極にして太極」を出してくる。これは、道教
そして老荘思想の無から有への生成という、発生説を否定したものである。重要な新解釈で
ある。

　と言うのは、存在とは無（無
極）であって同時に有（太極）
であるとすることは、無（無
極）という潜在的なものと、有
（太極）という顕在的なもの
が一致していること、同時存在
している二元論を意味する。こ

図5-2　太極図（AはB・D・EならびにCの下部の小円にそれぞれ重なっている。）

A

B　陽動　陰静

C　火　水　土　木　金

D　乾道成男　坤道成女

E　万物化生

変化と生成との方向

れはアリストテレスの形相の原因（顕在的なもの）と質料の原因（潜在的なもの）という二元論の思考類型である。

＊アルフレッド・フォルケは、アリストテレス的理解を否定し（大濱晧『朱子の哲学』東京大学出版会・一九八三年・三三ページ）、安田二郎『中国近世思想研究』（弘文堂・昭和二三年）も否定してはいる。しかし、私は思考類型としてアリストテレスの考えを見るべきと考える。

さて朱子は、この「無極にして太極」と万物との関係をどのように構成したか。

「無極にして太極」は存在についての説明すなわち存在論であるから、万物との関係すなわち宇宙論の説明をするとき、ことばを変えて別表現する。すなわち、朱子学は「太極」を「理」と表現する。存在論としての太極と宇宙論としての理とは同じものを指している。

さて、前図を見ていただきたい。図中の太極Ａが動き始める。動くと陽を生じ、動が極限まで行くと静となり、静が陰を生じる。このようにして陰と陽とが生じてくる。陰陽は無極の具体化されたものであって、質料（matter）である。一方、動と静という運動を起した太極を理と表現する。理は太極の具体化されたものであり形相（form）である。「無極にして太極」とは形相と質料との一致ということのモデルである。その具体化が始まると、無極が陰陽という質料を、太極が理という形相を示す。そこで朱子は「太極（理）は形よりして上（形而上）の道なり。陰陽は形よりして下（形而下）の器なり」と解釈した。これは『易』の

第五章　経学の時代（下）

ことばを踏んだものである。それがB図の意味である。

陰陽という資料がさらに具体化されると五行となる。五行とは、木性のもの、火性のもの、土性のもの、金性のもの、水性のもの、という、物質の原型・象徴である。この、陰陽と五行とが織りなして物体を作りだす。C図がその織りなす様子であり、その結果作りだした物体がC図の最下部にある白地の小円である。

この小円を取り出し、典型として拡大して示したものがD図である。すなわちC図中の下部の白い小円とD図の円とは同じものである。そしてこのD図の物体が男性と女性とという、生殖のもととなる両性を示し、そこから万物が化生してくるとし、それを示したのがE図である。

さて、B図からE図に至る万物の生成の間、すなわち陰陽五行の運動は、でたらめに行なわれるわけではない。常に太極がB・〈Cの小円〉・D・E各図に重層している。朱子は周濂溪の「太極図」に対して注解したため、太極ということばを使っているが、宇宙論として言えば、太極は理であるから、常にすべてに理があるということになる。すると、A・B・〈Cの小円〉・D・Eの五つの円が、すべて同じ大きさで重なっていることになる。

朱子は、先輩にあたる程伊川という思想家の理一分殊説という思想を受け継ぐ。理一分殊とは、理は一つでありながら万物それぞれも同時に有しているということである。ちょうど月が天に在るようなものだと喩えている。月は一つであるが、川や湖などいろいろなところ

に現われている。彼らの喩えで言えば、田ごとの月（いろいろさまざまな田に一つずつ映っている月）は、多数に見えながら、しかし、空にある月を分有していないで、やはり一つの月であるということだ。この理一分殊説を使えば、太極もまた一つでありながら万物に具わっていることになる。

以上が「太極図」自身についての朱子の解釈の意味である。朱子は、この太極図解釈とは別に、理と気とという二者で宇宙論・存在論を立てている。朱子は、宇宙の始めに或る一気があり、それが陰陽の二気に分かれたとする。すると、太極図に対する朱子の解釈から言えば、気は無極に相当するであろう。だから、始めはこの気（無極）と理（太極）とが一致していたと言うのである。

朱子の弟子たちは、盛んに理と気とどちらが先かと朱子に尋ねているが、朱子は両者は相い即していると言う。ただし、あまりにも弟子たちがしつこく尋ねるものであるから、あえて言えば、理が先だとは言っている。そのため、朱子を理一元論者とする人もいる。しかし、理が先というのは、弟子の質問に対してしぶしぶ答えたものであって、本来的には、理気二元論である。

さて、朱子のこの宇宙論・存在論の特徴は、太極・理（form〔形式〕）の原因・顕在的なもの）と、無極・気（matter〔材料〕）の原因・潜在的なもの）と、という両者、すなわち二元論で説明する点である。また、〈太極・理〉と〈無極・気〉とは相い即して一体化しており、

200

第五章　経学の時代（下）

それをこの現実の世界、個物の世界に見ることができるとしている。あたかもプラトンに対するアリストテレスのように、仏教・道教に対する朱子の態度は、現実のこの個物の世界以外のところに、その元型となるようなもの（プラトンのイデアとか、仏教の法身や道教の無など）の独立存在を認めないものであった。

佐藤仁『朱子』（集英社・昭和六〇年・一九四ページ）はこう述べている。

　朱子は……陰陽の変化には始めもなければ終わりもないこと、つまり、その変化は永遠の過去から永遠の未来に向かって絶え間なく継続するものであることをしきりに強調してくる。そして、この世界の根本実在である太極も、陰陽二気の変化と、この変化によって織り成されている現象世界に即して求められてこそはじめてほんとうの根本実在といえるのではないかという。……朱子によれば、……ほんとうの道は、あくまでも陰陽二気によって織り成されているこの現象世界に即して求められてこそ、ほんとうの道といえるのではないか。……朱子は、たとえば仏教のように陰陽以外に真実の世界を求めることはもちろん、老荘や漢儒のように陰陽以前になにか混沌としたものがあって、そこから二次的に陰陽が生じてくるとする考え方に対しても批判的であった。

　朱子学と言えば、太極という本体（第一存在・本質）が現象の背後の遠い彼方にあって、

201

そこから発生して、この万物の現象世界を生み出したとするような解釈が、ともすれば取られている。しかし、私は疑問に思っている。例えば、仏教の法身（真実在）や道教の無、といったものからの発出による万物生成という立場は、あえて言えば存在論としては唯心論的である。朱子はそれを否定し、まず存在するものを、個物すなわちこの世の万物として、この万物（個物）を理（形相因・〔太極〕）と気（質料因・〔無極〕）との相い即する存在と見た。だから、個物（現象）は同時に普遍（本質）であり、普遍（理）は同時に個物（気）であり、理（普遍）は一つであって同時に多（現象）であると考えたのである。この立場は、あえて言えば、存在論的には唯物論的であり、認識論としては素朴実在論的である。唯物論・素朴実在論的立場こそ、何を隠そう、中国人の伝統なのである（本書一四～一五ページ）。朱子は、その伝統を思想的に大成した思想家であり、最も中国人的な思惟の持主であると考える。

朱子は、中国人思想家一般と同じく、〈実〉を重んじ、〈虚〉を排している。例えば、弟子に文章の模範を求められたとき、浮華な作品を排し、雄勁質実な作品を勧めている。朱子は、〈実〉を重んずる、つまりは個物的世界を重んずる典型的中国人であったからこそ、その存在論も唯物論的立場となったのである。

ところで、一九四九年の中華人民共和国の成立以来、かの国の中国哲学史学界では、朱子を「客観的唯心論」、王陽明を「主観的唯心論」という奇妙な定義で分けて評価している。

202

第五章　経学の時代（下）

これは、朱子をなにがなんでも唯心論者にするというイデオロギー的要請から来ている。おもしろいことに、かの国では概念をルーズに使う傾向があり、だいたいにおいて、「客観的」ということばを「唯物論的」という意味に使っている。当然、「主観的」という語は「唯心論的」の類語としている。だから、中国人が造語して「客観的唯心論」と言うとき、それは「唯物論的唯心論」という珍妙な意味あいを含んでいる。さらに、彼ら流に言えば、「主観的唯心論」とは「唯心論的唯心論」というトートロジー（同語反復）に近い。いずれにしても、始めから朱子を唯心論者とした無理からきた大いなる誤解である。朱子を唯心論者にするというのは、もちろん、朱子を現代に有害な反動的封建的学者として決めつけ攻撃するという、マルクス主義者のイデオロギーの要求からきた歪曲であった。

もしかつてのソ連の哲学者、ジュダーノフのように、思想を唯心論か唯物論か、といった粗大な見方であえて見ると言うならば、朱子の宇宙論・存在論は「唯物論的」と言うほかはない。或いは、虚でなくて実を重んじる素朴実在論者と言うほかはない。さらに強いて言えば、中国人の伝統的立場に立って宇宙論・存在論の表現をしたと言うべきである。

②教育

学校と試験制度との間には、微妙な敵対関係がある。たとえば、現代の日本の場合、公立高校入試において内申書の成績が大きな割合を占めている。内申書の成績というのは、言わ

203

ば志望校への推薦書みたいなものであるから、その内容を良いように書いてもらおうと思う
と、しぜんと学校での勉強が大切となり、学校が重視される。ところが、大学入試となると、
要は入試にさえ合格すればよいという考えになり、受験科目ばかりを熱心に勉強し、その他
の科目は手を抜くことになり、言わば、学校が重視されなくなる。

中国の場合も大きな流れは同じである。官僚となるための選挙（選抜して挙げる）は、始
め推挙（推薦制）であったから、大学制度が整う後漢時代から魏晋南北六朝時代にかけて、
学校が重んじられた。ところが、隋時代から科挙（試験制）が始まり、唐代を経て宋代とな
りそのシステムが完成すると、学校は受験勉強の機関みたいになってしまい、学校の機能が
本来の教育とずれてくるようになってしまった。或いは別に学校へ行かなくても自分で勉強
すればよいというふうにもなる。

こうした状態を批判し、本当に学問をしたい者が集まる私立学校（書院と言う）を作ろう
とする気運となった。朱子が経営した白鹿洞書院はその代表であった。このように、朱子は
教育史においても非常に重要な人物である。

当然、それでは、その書院で何をどのような順序で学ぶかというカリキュラムや教科書の
問題が起る。一般には、初等教育では、従来、六世紀ごろにできた『千字文』が使われてい
たが、初学者にとって内容的に難しかった。そこで、例えば撰者未詳ながら『三字経』とい
う教科書が庶民教育用に宋代末あたりから使われるようになり、非常に普及した。

第五章　経学の時代（下）

朱子は、初等教育教科書として、弟子を使って『小学』という本を撰したと伝えられている。朱子は、この『小学』（特に前編は、儒教の重要文献から重要なことばを抜き書きしており、略式の儒教概論となっている）を学習してから、四書（『大学』『中庸』『論語』『孟子』）に進み、さらに五経（『易経』『書経』『詩経』『礼記』『春秋左氏伝』）へと進んでゆくという、教育課程と教科書とを示したのである。

このように、朱子が教育課程すなわち教育の順序を組織的に考えたこと、これは中国教育史においてたいへん重要なできごとであるが、彼がなぜそういう努力をしたのかと言うと、儒教思想に基づいていたのである。すなわち、朱子が四書の一つとして選んだ『大学』の中にこういう有名な「八条目」（格物・致知・誠意・正心・修身・斉家・治国・平天下）と言われることばがある。

　物に　格り、しかるのち知　至る（この文章の前に「知を致すは、物に格るに在り。……」ということばがあり、以下、その逆の表現となっている）。知　至り、しかるのち意
（修）まる。身　修まりて、しかるのち家　斉のう。家　斉のいて、しかるのち国　治
まる。国　治まりてのち天下　平らかなり。

　この文章は、要するに、人間は一歩一歩と段階を踏み、なすべきことをきちんと行なってゆけば、天下を治めるという最も難しいことでも成し得るという意味である。すなわち人間

205

の努力、人間の意志、人間の能力等々、人間を信じることばである。儒教では、人間の理想像である聖人に必ず成ることができるとする。そしてその過程を示す。換言すれば、それは具体的手順を踏んで〔物に即いて〕、最高原理の理解に至る〔理を窮む〕ことである。彼らのことばで言えば「窮理」である。それを可能にする方法とは、詰まるところ教育であり、勉学である。人間は唯一最高の神の前にひれふさねばならないとするキリスト教、輪廻転生の長い長い時間の間、懸命の努力をしてやっと或いは解脱できるとする仏教に比べて、儒教は遥かに常識的である。日々の人間の努力によって必ず理想像（聖人）に至れるとする。そういう思想や伝統的立場を背景にしていたからこそ、朱子は教育課程を示したのであり、聖人のことばを理解し実行して聖人に成るための方法として教育を重視したのである。

③道徳論

儒教と言えば、ふつう四角四面の倫理道徳というふうに思われている。そうなった原因の一つは、朱子学における道徳論にある。

儒教倫理と言うときのイメージに二つのものが重なっている。一つは、徳目そのものである。例えば五倫（父子の親・君臣の〔正しい〕義・夫婦の別・長幼の序・朋友の信）とか五常（父の義・母の慈・兄の友・弟の恭・子の孝、または仁・義・礼・智・信）とかといったものの持つイメージである。これら徳目はそれ自身でそれぞれ意味内容を持っているので、比

206

第五章　経学の時代（下）

較的はっきりとしている。いま一つは儒者というイメージである。なにか恐ろしく気まじめ
な、融通のきかない堅物（かたぶつ）の人間、篤実とでも表現すべき人間、そういったイメージである。
徳目と儒者のイメージとのこの二つが混然としているのが、儒教のイメージである。

さて、徳目の場合、それはこれまで何度かくりかえし述べてきたように、家族などの血縁
共同体、郷党など地縁共同体の習俗・習慣といったものをだいたい基礎としている。だから、
こうした徳目は、有力貴族から庶民に至るまで、分りやすくて身近なものであった。

ところが、隋唐時代から科挙出身の官僚という新しい階層がだんだんできてゆき、宋代に
至ると完全に中国社会の実権を握るようになる。この科挙官僚たちは、もちろん血縁共同体
や地縁共同体にその基礎を置くものの、しかし、科挙以前の推薦官僚たちとは違った意識を
持っていた。科挙以前の推薦官僚は家族・郷党（推薦者）という、自分を推し出す基盤、す
なわち下とつながっていたが、科挙官僚は皇帝（採用者）、すなわち上とつながっていたか
らである。つまり、出身母胎が異なっていたので、科挙官僚は推薦官僚と違った倫理を意識
するようになる。その最大のものは、皇帝への〈忠烈〉であろう。もちろん、科挙官僚とい
えども祖先・親に対する〈孝〉が最も大切であった。しかし、公的立場に立つ以上、孝ばかり
にとどまっているわけにはいかなかったのである。

あえてくりかえして言うが、もちろん孝が最も重んじられる。しかし、そこから始まって、
もっといろいろな道徳を身につけることが必要であったのである。そこで、拠りどころとし

207

ての古典に対して、新しい解釈も生れてくることとなる。

例えば、有若は「君子は本を務む。本立ちて道　生ず」と言い、続いて孝悌（この場合の「悌」は兄弟の仲の良いこと）は「為仁之本」であろうか、と言っている（『論語』学而篇）。この「為仁之本」の解釈を例に取ろう。

おそらく有若の気持は「孝悌は仁の祖である。孝悌をきちんと行なってはじめて仁が完成される」といったものであっただろう。『論語』のこの文を読むとき、古くからずっとそういう意味に解釈されてきていた。だから、「為」を「……である」という意味にとり「仁の本為り」とか「仁の本と為す」（為二仁之本一）と訓んできた。ところが、朱子は、仁こそ大切なことであり、仁を行なうには孝悌から始めるという新しい解釈を取った。そうなると、仁を行なうには孝悌というものの中の一つであるという意味になる。すなわち「為」を「……を行なう」という意味にとり、「仁を為すの本」（為レ仁之本）というふうに新しく読みなおしたのである。

『論語』の本文自身をごくすなおに読むとき、この朱子の解釈は強引であり無理である。しかし、そういう無理をしてでも朱子があえて新しい解釈を加えたのは、科挙官僚の時代、すなわち皇帝制中央集権国家が完成された時代においては、孝悌という血縁関係の道徳だけでは、広大な社会関係をつないでゆくことが無理であることを意識したからである。前漢時代以来、ずっと尊重されてきた『孝経』は、朱子学派において経典の中でそれほど重んじられ

208

第五章　経学の時代（下）

なくなったりしている。それはともかく、例えばこの『孝経』において、「愛」と「敬」とが説かれている。愛は父との関わり、敬は君主との関わりとして説かれている。それはそうだ、どちらかと言えば、愛は情的・非合理的な雰囲気であるが、敬には知的・合理的な雰囲気がある。

この敬を朱子は特に重視した。朱子にとって、心という、ともすれば乱れることとなる奇怪な存在を管理するものを敬に求めたからである。従来、共同体の礼や孝悌などの道徳に型どおりに黙って従っておれば、道徳にかなっていることになっていたが、それは果して自律的と言えるのかどうか、問題であった。孔子は、もちろん自律的であることを求めていたのであろうが、大多数の凡庸な人々は、道徳を形式化し、様式化し、他律的にしてしまい、内容を空っぽにする傾向があった。これに対して、朱子は真の自律的な道徳を求めようとしたのである。極端に言えば、共同体に基盤を置きつつ他律化されてしまう傾向にあった道徳（例えば孝悌）ではなくて、「己れの心を己れが律する自律的な真の道徳を求めようとした。その代表が敬であり、彼らはそれを「居敬」（敬に居る）と言った。

科挙官僚は、その仕事において多分に公的な決断が求められる。事柄を処理してゆくとき、その見識は私的であってはならない。宋代における科挙官僚の党派的抗争（例えば王安石派と司馬光派との対立）を見るとき、以前の推薦官僚の時代と異なり、国政の見識としての抗争という意識が強い。そういう科挙官僚たちの己れを持する厳しい道徳が新たに求められて

209

いたのである。唐代の詩人（同時に科挙官僚）の詩に、諫言の結果、左遷されて作った詩がどれほど多くあることか。それに応えたものの代表が、敬という自己に厳しい主体的・自律的な道徳であった。

隋・唐代以来、科挙官僚たちは自信を持っていた。それまでの推薦官僚のような他力と縁故とで地位を得たのとは違うのだ、自力で難関の試験を突破してきたのだという自信に溢れていた。だからこそ、左遷を恐れず堂々と皇帝に諫言したりするのである。すなわち頼るべきものは自己の見識という自立の精神が科挙官僚にあった。それが自己への厳しさとなり、自己を管理する敬という表現となった。それを自覚したのが朱子である。もちろん敬という道徳は昔からあったのだが、朱子学に至って科挙官僚の新しい道徳として位置づけられることとなった。

さて、自己への厳しさを実行すると、それはしぜん、ことばや態度といった表に現われてくるものにはねかえってくる。重々しく、静かで、ことばもすくなく、つまりは謹厳実直で固苦しい彼らを「道学先生」とも言ったのである。現代においても依然としてある〈儒教は倫理道徳〉という場合の儒者のイメージは、ここにつながっている。

しかし、いつの世でも本物は少ない。道学先生の風貌や言動が、敬からしぜんと謹厳実直、篤実として現われてくるなら本物であるが、そうではなくて、ただ謹厳実直のものまねだけをするまがい者が多くなるのが世の常である。その結果、中国、朝鮮、日本と広く朱子学が

210

第五章　経学の時代（下）

流行するとともに、「道学先生」ということばのイメージの中には、形だけのまがいものという軽侮の意味もまた一方において生れていったのである。そしてそれをからかう笑話もまた多く生れている。

　なお、付言すると、右のように自律の道徳心を高めようとした努力があったにもかかわらず、科挙官僚を含めて、官僚たちが汚職を行なっていた。なぜか。これには、構造的理由があった。中央集権制と言っても、今日の日本のように、末端の公務員にまで十分な給料を支払っていたわけではない。県知事クラスまでは中央政府が給料を支払っていたが、それとて十分ではなく、また県知事以下については、県知事の裁量であった。のみならず、試験合格者の〈官〉に対して、その赴任地には、代々世襲の〈吏〉がおり、この吏が実質的行政を荷なっていた。だから、官はこの吏をうまく使わねばならなかった。しかもこの吏は土着であったから、吏の適当な地域行政というのが現実であった。そこで〈適当に〉させていたわけである。だから、その〈適当にしたこと〉は、汚職と言うよりも、補充生活費、役得あるいはチップとでも言うべきであろう。この概念が、今日の中国（大陸、台湾を問わず）にもなお生きており、いわゆる〈汚職〉が多い。

④『家礼』

　朱子学における特徴の一つは道徳論である。「居敬」というような、敬の位置づけはその

211

一つであり、まだこの他にいろいろと道徳論を展開している。或いは、順を追って〈知〉を深めてゆく「窮理」の意味の展開もあった。そういう展開や追求は、結局、儒教における礼教性の深化となる。しかし、そうした深化は知識人すなわち読書人にとって関心のある興味深いことであったかもしれないが、礼教性のそうした複雑な深化、知的上昇化は、一般民衆にとってあまり縁のないものであった。庶民にとって関心のある方は、「居敬」だの「窮理」だのという難しげな話よりも、祖先崇拝を核とする儒教の宗教性の方であった。

科挙官僚による〈儒教の礼教性〉の上昇は、ますます〈儒教の宗教性〉との距離を広げるものであった。しかも庶民における〈儒教の宗教性〉は、しだいに仏教や道教とも混合していっており、一見、いわゆる〈淫祀邪教〉ともなりかねない可能性があった。儒教において礼教性がますます深化し上昇化していったとしても、祖先崇拝という核心を切り捨てることはできないことを朱子はよく心得ていた。そこでその説明を試みる。それは鬼神論と言われるものである。

その際、朱子は思想家としての立場を貫いた。思想すなわち体系性ある理論の視点から説明した。単なる思いつきではなくて、どの方面についても一貫性ある説明ができること、そうあってこそ真の思想家である。朱子の凄味はそこにある。彼は自分の存在論（理気二元論）から鬼神の説明を行なった。

第五章　経学の時代（下）

鬼神——ごく通俗的に言えば、鬼は幽霊（死人の魂）であり、神は霊妙なものである。例えば「鬼話（クウィファ）」と言えば「怪談」である。「鬼」字の由来は、一八ページに述べたように、頭蓋骨をかぶった人間の姿である。招魂儀礼のとき、死者（その人の頭蓋骨を生きた人間がかぶって似せる）にその魂が再びもどってきて憑りつく。それが鬼である。魂が憑りつくと、鬼は死者が甦（よみがえ）った人間のようにおどろおどろしいことばを語り狂乱状態となる。言わば、亡霊が現出する状態となるので、鬼は恐しい存在であるが、祖先崇拝の原型である。やがてこの鬼が転じて神主・木主（仏教のいわゆる位牌）となっていったので、鬼は後になると単に幽霊といった意味に堕し、それが鬼話といったことばになってゆく。

しかし、儒教の古典中には、古代的な元来の意味で使われている例が多いので、朱子としてはその説明が必要であった。「鬼話」はいわゆる淫祠邪教と結びつくもので、知的科挙官僚としてはただちに否定すべきものである。しかし、儒教古典中の「鬼」は、祖先の祭祀と関わっており、知的科挙官僚（読書人）にも納得のできる説明をしなければならなかった。もしその説明ができなければ、儒教の核心である祖先祭祀が崩れてしまうからである。

一方、「鬼神」の「神（しん）」とは、或る霊妙なもの、人間の知恵では測り知ることのできない或る霊妙なものである。例えば朱子が重んじた『中庸』（四書の一つ）にも「鬼神の徳」ということばなどがあり、こうした古典にある以上、神についてもきちんとした説明ができなければならなかった。

さて朱子は先輩の張載（ちょうさい）（十一世紀）の鬼神論を読みつつこう考えた。世界の物（中国ではコト・モノの両方を含む）の質料（材料）は気であり、この気が聚（あつ）まると生の状態となり、気が散じてしまうと死の状態になるとした。人間は気の内でも精れた気、すなわち精気の聚（あつ）ったものであるが、それはともかく、死ぬと気が散じてしまう。魂が天に昇るのも、魄が地下に帰ってゆくのも、その散じてゆく姿であり、魂は「神」、魄は「鬼」と名を変える（三浦国雄『朱子集』・朝日新聞社・昭和五十一年・二九二ページ）。しかし、気は必ず散ってしまい、二度と聚まることはないとする。この二度と気は聚まらないというのは、仏教の輪廻転生という再生産を否定するためである。

そして、気の離合集散から言えば、気がやってくる（来）のは、気の「伸」の状態であり、気が去ってゆく（往）のは、気の「屈」の状態であるとする。気の聚散（しゅうさん）はつまりは気の屈伸・往来であると考えた。すると、「神」は「伸」（しん）であり、「鬼」（き）は「帰」（き）（元へもどる）すなわち「往」（向うへ行く）である。つまり鬼神は気の聚散の状態であると説明する。

ところが困ったことが起きてくる。気である祖先の魂・魄は散じてゆくが、子孫がまごころを尽して祭るとき、子孫の気と通じ感応して、この世にやってくる（来格）。招魂である。「これ既に散じた気が尚大気中に残存し、再び聚まり来ることこれを後藤俊瑞はこう述べる。「これ既に散じた気が尚大気中に残存し、再び聚まり来ることを許容するものである。若し之を許さねば極めて重要な（祖先）祭祀の一事を説明することができぬ」（『朱子の哲学』一二一ページ・大正一五年・聖山閣）と。

214

第五章　経学の時代（下）

そして後藤俊瑞は、朱子は説明に困って、祖先の魂がやってくる事実は「極めて説き難いから只人は自ら看得んことを要すると言ひ、以て一時を糊塗したのである」——すなわち、ごま化したと述べる。この難問題について、日本においても、例えば江戸時代初期の朱子学者である林羅山がすでにさじを投げている。「古より聖人なんぞ祭祀を設くるか。その「鬼神の」有無や、信・疑相い半ばす」（『林羅山文集』巻三十五・祭祀鬼神）と。

＊羅山以後について、子安宣邦「有鬼と無鬼と」（『大阪大学文学部紀要』二六号）は次のように述べる。伊藤仁斎は無鬼論を唱え、民衆の鬼神信仰の面を切り捨てた。しかし荻生徂徠は有鬼論を唱え、祭祀体系を備えた人間世界における文化概念として認めていた、と。

確かに、朱子の解釈は明快でない。朱子のことば（『朱子語類』巻三・鬼神第五十六条・後藤の前掲引用個所）を見ると、子孫は祖先の気を受けているので、気は散じても子孫には気の「根」があるので、誠敬をつくして祭祀すると祖先の気を呼び寄せる（呼招）ことができると言う。その説明で、散った気をどういう理由で再び聚めうるのか、もう一つ明晰でない。

すなわち、朱子は気という考えに依って鬼神について説明することはできないものの、魂が再び生れ変る輪廻転生を否定するため、魂は散じ消えてしまうのだとした。その結果、祖先の祭祀における招魂の説明ができなくなってしまったのである。これは、礼教性の上部（政治論）や形而上学・宇宙論の深化により、宗教性との乖離が非常に大きくなったためである。

215

朱子学における重要概念の解説書である『性理字義』（朱子の弟子の陳淳の撰）の「鬼神」の項は三十二条に及び、他の重要語（性・敬・誠・太極など）に比べて断然多い。しかし、子孫と祖先とが一つの気で結ばれており、誠敬によって神（精神）を聚めうると言うだけであって、消えるべきものとする気との関係はついに説かれていない。このように、鬼神について統一的説明ができないということは、朱子学における最大弱点と言うべきであろう。

しかし、中国人の実際生活においては、祖先を祭祀する儀礼は完全に定着していた。ただ、当時、朱子学から見れば、家々が祖先のほかに多くの「淫昏の鬼神」を招き入れていた状態であった。「淫昏（いかがわしい）の鬼神」とは、例えば仏であり、仏を祭ることは、儒教から言えば「淫祀」であった（『性理字義』鬼神）。つまり、当時、儒教の宗教性が純粋でなくなっていた危機感が朱子にあった。

そのようなことが一つの背景としてあったのだろう。朱子が四十一歳のとき母が亡くなるが、そのとき、『家礼』という本を撰したと言われる。これは、母の喪に服したとき、喪礼を研究し実践した副産物だったらしい。この喪礼を基礎に、家における冠昏（婚）喪（葬）祭のありかたを示したものであるが、朱子の死後に出てきたので正式の筆者は実ははっきりしていない。その由来はともかく、この『家礼』がその後に与えた影響は大きい。古代以来、礼制には議論が多く、どれが正しいということを示すのが難しい。そういうとき、朱子が儒教の古典中の諸礼制を研究し、妥当な、そして分りやすく、実行しやすい礼の規準を整理し

216

第五章　経学の時代（下）

て示したことは重要である。

　この『家礼』（『文公家礼』とも）が果して古代の礼制を正しく受け継いだものかどうかは別として、朱子の名、すなわち朱子という権威の下、中国・朝鮮・日本の知識人の間において儒式礼法のモデルとなって普及していったのである。今日の葬儀は、ほとんどこの『家礼』に基づいている。

　この『家礼』は冠婚葬祭、すなわち儒教における礼教性と宗教性との両者の様子を見ることができ、非常に興味深い。家には祠堂を立て、そこに祖先の神主（仏教で言う位牌）を置き、ここが家族の精神的処りどころとなる。冠・婚・祭は居宅で行なうが、喪礼の或る段階が終ると新しい神主を祠堂に置くこととなる。この喪礼の項において、朱子ははっきりと「仏事を作さず」と記している。それは仏教の四十九日（中陰）や地獄・極楽などの否定のためである。『家礼』については附録（本書二七九ページ以下）を参照されたい。

＊『家礼』は北宋代の司馬光の『書儀』（『居家雑儀』）を下に敷いてできたと言われている。南宋の朱子以前から、科挙官僚の家における礼制の規準が求められていたのであろう。

四　朱子学以後——そしてキリスト教

朱子がたいへん尊敬した先輩哲学者に程顥・程頤という兄弟がいた。この二人の性格は正反対だったらしい。兄の程顥（程明道）は自由であり、会うとき人は気楽であった。しかし弟の程頤（程伊川）は謹厳であり、会うとき人は緊張ずくめであったと言う。

こうした性格の相違は、やはり学風の相違となってゆく。兄の程顥の自由な雰囲気から、その系譜上に陸象山という人物が登場する。一方、弟の程頤の謹厳な雰囲気を受けて朱子が登場する。

陸象山は、心（知性・感性を包みこんだ総合的直覚）を重んじたので、その立場は〈心学〉と言われる。これに対して、朱子はそういう心というような漠然としたものではなくて、理とは何かということを順序正しく究めてゆくこと、すなわち知性の働きによって理を体得してゆく立場に立ったので〈理学〉と言われる。

だから、心学は突きつめてゆくから、ことばそして文字によって書かれた書物を自分の心よりも低く見がちとなる。すると、思考類型的には、禅宗の不立文字という考えかた、心を深めてゆく立場に近くなってゆく。

一方、理学は、段階を追ってゆくという方法性がはっきりとしており、その具体的なあり

218

第五章　経学の時代（下）

かたとして古典研究を中心とする勉学・研究が前面に出てくる。

比喩的に言えば、〈理学〉派は分析的であり、〈心学〉派は脱俗的であり直観的であった。〈理学〉派は常識を重んじ社会や他者に関心を抱き、〈心学〉派は脱俗的であり自己に関心を抱いた。

こうした心学派の延長上に、明代になって王陽明（みん）（十五世紀）という人物が登場し、心学は陽明学とも言われる思想に発展することとなる（本書四三ページの「日本の心学」とは別）。

この陽明学は、理屈の多い主知的な朱子学の行きかたを批判し、人間にはもっと大切な、溢れ出る生命のような生き生きとしたもの（良知）があり、それをこそ重んずるべきであるとした。つまり、主情的立場によって、主知的な朱子学を批判したのである。この、心の重視とは、強烈な〈自己〉の主張でもあった。

朱子学に対する批判は、明代の次の清代（しん）においても登場する。それは考証学と呼ばれる実証精神による古典解釈学からの批判である。朱子学では、古典に対する新しい解釈が多く生れたが、自分たちの思想に基づく主張が優先したため、古典そのものに即した事実解釈ではなくて、かなり無理なこじつけのような解釈もあった（朱子自身はすぐれた実証家でもあったのだが）。これに対して、歴史事実を徹底的に研究し、その成果を利用しての古典解釈に成功していったのが、考証学グループであった。いわば、古典に対する朱子学派の哲学的解釈に対して、歴史主義的（歴史実証的）・文献学的解釈による批判であった。もっとも、考証学

219

グループも単なる歴史実証的・文献学的研究が目的ではなく、古典の真の理解を通じて、その古典に盛られている聖人のことばや意味を理解しようとする。

しかし、元代・明代・清代と約七百年間、科挙試験は朱子学的立場の解釈でなければ合格しなかった。だから、陽明学が流行しようと、考証学が盛んになろうと、科挙試験をめざした大量の英才は、好むと好まざるとにかかわらず、まずはじめに朱子学をしっかりと勉学した。また、陽明学・考証学ともに、儒教における思想の展開としては重要な興味深いものであったとしても、朱子学を越える独自の政治論や道徳論などをついに生み出すことはできなかった。だから、科挙官僚にとって、陽明学や考証学は、現実に対処する生きた理論としての意義は低かった。

また、明代の陽明学説の〈心の自由〉には型がないため、個性ある知識人にとっては魅力あるものであったかもしれないが、型に従い健全な常識を重んじる庶民にとっては、一種うさんくさい〈危険な香り〉のする思想であった。事実、例えば、自由奔放に生きた李卓吾（りたくご）という陽明学者の場合、いわゆる常識を越えた行動の生涯であり、庶民はとてもついていけないう陽明学者の場合、いわゆる常識を越えた行動の生涯であり、庶民はとてもついていけなかった。

またさらに言えば、清代の考証学派の場合、それは実証的研究という面から言えば、博学を喜ぶ知識人にとって魅力あるものであったかもしれないが、儒教の古典のことばを、なじかは知らねどありがたがっていた庶民にとっては、考証学派の綿密な解釈は学者のわけのわ

第五章　経学の時代（下）

からないへりくつにすぎなかった。

すなわち、朱子学以後の近世において、中国社会に真に影響を与えていったのは朱子学で
あった。しかし、科挙廃止の年（一九〇五年・明治三十八年）に始まり、辛亥革命（一九一一
年・明治四十四年）によって清王朝が倒れることをもって、王朝体制と不可分の関係にあっ
た経学の時代は終ったのであり、この経学の終焉とともに、朱子学もまた急速に力を失って
いったのである。

以上、第四章以来述べてきたところの、儒教の歴史における礼教性・宗教性の関係を整理
して図示すれば、次ページの図5－3のようになる。ただし、「（四）儒教内面化時代」につ
いては、終章において「儒教と現代と」という題目の下で述べることにする。

従来の儒教史、儒教概論は、図の中央に引く点線より上部の礼教性を中心とするものであ
り、下部を知らないでいる。下部は儒教文化圏において今日もなお生き残り続けている。い
ま儒教に関心を持つこと、或いは儒教文化圏を考察するならば、崩壊した上部よりもこの下
部にこそその鍵がある。本書四六ページに引くヴァンデルメールシュ『アジア文化圏の時
代』（同書一八三ページ）は「儒教の真髄は何に存しているのか？　三語をもって答える。
すなわち、家族、儀礼（礼）、高級官僚制度である。これら一切は死んだ。それは事実であ
る」と言うが、私はそういう儒教理解のしかたそのものが不十分であると考える。すなわち、
儒教の宗教性という観点が欠落しており、しかもその宗教性が今日においてもなおしぶとく

(一) 原儒時代
（前六世紀以前）

(二) 儒教成立時代
（前六世紀～前二世紀）

(三) 経学時代
（前二世紀～二十世紀）

(四) 儒教内面化時代
（現代～未来）

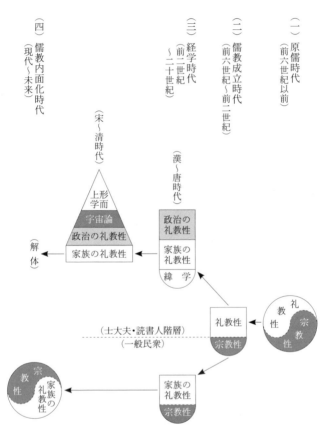

図5-3 儒教における礼教性と宗教性との推移

第五章　経学の時代（下）

生き残り続けているという観点もまた欠落しているからである。

　最後に、有力な世界宗教であるキリスト教と儒教との関係における最重要点について述べておくことにする。

　明代・清代にどっとキリスト教文化が中国に入ってくる。そのキリスト教がぶつかった問題は、かつて仏教がぶつかった問題と似ていた。すなわち祖先祭祀等の問題である。ポルトガルの保護を受けていたイエズス会の宣教師たちは適応性があったので、役人の信者が皇帝に従う官僚として天壇に至って天（天帝・上帝）を祭る行事に参加することや、孔子を祭ること、或いは一般信者が家において祠堂で祖先を祭ることなどを認めた。それを拒否すると、とてもではないが、中国におけるキリスト教の布教は無理であったからである。

　しかし、一神教のキリスト教の立場から言えば、信者は唯一の神のみ仰ぎ信ずべきであって祖先崇拝などそういうことは異教徒のすることであり、とうてい認められるものではなかった。ポルトガルに対抗していたスペインが支援したドミニコ会やフランシスコ会の宣教師は、イエズス会と違って、信者の祖先祭祀を禁じた。のみならず、イエズス会が中国で成功した理由は祖先祭祀等を禁じなかった点にあると見て、そういうしかたのイエズス会を攻撃したのである（矢沢利彦『中国とキリスト教』近藤出版社・一九七三年・六六ページなど）。ここから典礼問題という大問題が起ることとなる。

223

典礼問題（Rites Cotroversy）とは、唯一神を崇めるキリスト教（特にカトリック）の立場からして、天帝（上帝）や孔子や自己の祖先を崇める中国の儀礼との妥協をどこまで認めるのかということと、カトリックの神に対する訳語として〈天〉〈上帝〉のような中国語の使用を許容すべきか否かの三点を骨子とする」（後藤基巳『天主実義』明徳出版社・一九七一年・三二ページ）。

この問題は、ローマ法王の決定というところにまで至り、結局、中国における儀礼（典礼）を否認するということになった。唯一神を崇めるキリスト教としては当然の決定であった。もちろん、中国側においても祖先崇拝を排斥するキリスト教に反対した（『桑原隲蔵全集』第三巻「支那の孝道」・昭和四三年・六五ページ以下）。

今日においても、キリスト教信者が戦死した英霊を祭る靖国神社に政府高官が参拝をすることに対して批判するのは、一種の典礼問題と見てよいであろう。日本は多神教であるので、だれでもカミとなることのできる日本の、八百万の神としての靖国神社の神と、キリスト教の唯一神としての神とをキリスト教徒はごちゃまぜにしている。「神」という漢字は同じであるが、概念はまったく異なっているのである。これでは多神教の東北アジア人の心が分っていない。だから、明治維新以後、キリスト教徒は、昔も今も依然として東北アジア人に対して説得力がない。キリスト教関係者がどのように努力しても、その信者数はいっこうに

第五章　経学の時代（下）

増えず、依然として、全宗教信者数の数パーセントにとどまっているのである。　靖国神社問

題では、特にプロテスタント系信者が寛容でない。

これに反し、異端となることを恐れず祖先祭祀や祖霊信仰を取りいれた、或るキリスト教

系新興宗教は、急速に信者が増えていっている。それはちょうど、中国や日本の仏教が、か

つて祖先祭祀や祖霊信仰を取りいれて、民間に広がっていったことと、よく似ている。東北

アジア人の宗教に対する原感覚をよく捉えたと言うべきであろう。因みに、日本において急

成長する新興宗教の多くが、祖先祭祀や祖霊信仰を取りいれたり不幸な水子霊を供養したり、

さらには悪霊を祈禱で取りはらう浄霊行為を行なっていることは、注目すべきことである。

逆に言えば、日本を始めとして儒教文化圏では、祖先祭祀や祖霊信仰などを取りいれなけれ

ば、宗教として成功することは難しいということであろう。

第六章 **儒教倫理**

世界（天・地）の中間に人間が道理を守って生きてゆくとする、その天文図と地理図と。天文図中の円の線に沿っている文字は星座名（『三才図会』より）

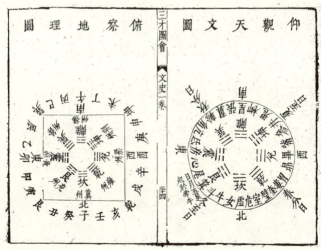

一　儒教倫理の現代的意味

儒教には礼教性（道徳・倫理）と宗教性とがある。しかし、従来の儒教論においては、宗教性を除く、或いは認めないのが一般的であった。その誤りを正すために私は本書を著わした。もちろん、宗教の礼教性を認めた上で、である。

しかし、宗教性を強調すると、儒教の礼教性（道徳性）を否定したと思いこむ人が必ず出てくる。研究者においてさえ、そういう輩がいる。何をか言わんや、という思いである。

しかし、誤解は解くに越したことはない。そこで、本書の大きな区切として、ここに新たに一章を設け、儒教倫理について述べておきたい。もちろん、本書中において、儒教倫理について相当に多く述べてはいるが、念のために述べる。ただし、その組み立ては、私の見解に基づいている。

倫理・道徳について考えるとき、大前提がある。それは〈人間は利己的である〉という大前提である。人間が動物である以上、己れの生命を第一とする。すなわち利己である。動物は己れの生命を維持し防衛することを本能としている。人間も動物である以上、同様である。だから、己れの幸福のための利己行為それ自身は、動物として正しい。いや動物に限らず、植物も同列である。すなわち、生物としては利己的であることが生命論的には正しい。

228

第六章　儒教倫理

しかし、人間は他の動物と異なり高度な社会——宗教を核とする一族・部族社会、地域社会、国家等々——を作る集団である。とすると、利己が通じなくなる。もし利己を通そうとすると、己れに力（暴力や知力）がなければ、必ずそれを否定される。そこで、集団においては、利己を越えた観念、ならびにその観念に基づく行為が求められる。それはただ一つ——他者との関係の上に立っての配慮である。ここに倫理・道徳が登場する。すなわち、規範（道徳）本的には共同体の規範である。この規範に反すると罰を与えられる。つまり、規範（道徳）に反すると罰（「法」）と表記するが、実は刑罰）を与えるのであるから、中国古代社会では、法は道徳の一部であり、道徳と対立する別の存在ではない（本書一〇八ページ）。西洋思想のような法と道徳との対立ではない。

さて、その道徳であるが、本書では、先に絶対的道徳と相対的道徳との二種があると論じたが（一〇三ページ）、現代の倫理学・道徳論の立場から言えば、一般に三種に大別できる。①カント系の規範倫理、②シェーラー流の価値倫理、③有徳倫理である。

教科書的に言えば、①の規範倫理とは、社会性を第一とする絶対的倫理のことである。人を殺さない、他者の財物を盗まない等、それ自体をそのまま認めざるをえないような古今東西に通ずる規範である。②の価値倫理とは、他者との関わりの中での自己の生きかたという相対的倫理のことである。③の有徳倫理は、社会と自己とをつなぐことを最終目

今日、モラルジレンマ（例えば一人しか乗れない舟に三人が乗ったときの苦渋の選択の決定過程を構築する倫理）の形で議論される。③の有徳倫理は、社会と自己とをつなぐことを最終目

229

的としながらも、中心としては自己の道徳心を高める〈修養〉としての倫理、有徳としての倫理で、個人の人生へのありかたや心構えなど人格に最も深く関わる。

儒教道徳も、この三種に分別することができよう。しかし、現代社会においては、儒教的共同体という母胎が見えにくくなってきており、①は法律が代替し、②は結論や解答の出ない論議・論争となるであろう。しかしそれだけに、多様な価値観や意見が現われ、道徳意識を深めることができよう。ただし、いわゆる〈正解〉は困難である。おそらく将来的には、③の自己〈修養〉としての倫理・道徳が中心となってゆくのではなかろうか。

二　儒教における善

倫理・道徳は観念ではない。実行・実践してはじめて意味がある。それは善の追求であり、人は生れつきどのように善と関わるのかという問題が論じ続けられてきた。これは古今東西に共通する。

儒教の場合、そういう議論を性論（人間の本性論）として論じてきた。例えば、宇野哲人『支那哲学概論』（支那哲学叢書刊行会・大正十五年）に拠れば、以下のような七種を挙げ得る。そこで、宇野の説明を下に敷きつつ改めて述べる。

①性三品論──『中庸』は人間性を三品（三等）に分けた。生れながらにして知る、学ん

第六章　儒教倫理

で知る、困しんで知る、と。その元は『論語』の「上知と下愚とは移らず」「中人以上は上を語ぐべし、中人以下は上を語ぐべからず」。また四品になるが、生れながらにして知る者は上、学んで知る者は次、困しんで学ぶ者はその次、困しんで学ぶことのない者は下、などである。前漢代の荀悦や唐代の韓愈はこの系統である。

②性有善有悪論（性に善有り悪有るの論）——人の性に善もあり悪もあるとする。そのどれを取るかによって結果が変る。後漢代の王充が、世碩らにその主張があると述べている。

③無善不善論（善・不善無しの論）——人は生れたときのそのままが性であるから、性自体には善も不善もなく、生れた後の環境に依るとする。宋代の程顥（程明道）は、この立場である。

④性善論——孟子がその代表者である。もっとも、善の意味や性（本性）の定義等についての論証は不十分である。しかし、直観的に人間は善であるとする。その例として、赤子が井戸に落ちようとするとき、だれでも走って救おうとするその心であるとする。人にはそうした純粋動機の忍びざる心があり、それを惻隠の心とし、それを仁の端（はじまり）とする。同様に、羞悪の心は義（正義）の端、辞譲（謙遜）の心は礼（規範意識）の端、是非（妥当非妥当）の心は智の端、すなわち四端が見え、それを倫理の分野とする。なお、そうした善の根元に誠があるとする。なお、性善であるのに悪が現われるのは、物欲（利己）が人の本心（善）を失わせているとする。

231

⑤性悪論——荀子がその代表者である。荀子は用語の定義をする。性とは「学ぶべからず、事とすべからずして人に在るもの」とし、生れつき（性）の心は悪であるが、偽（人為）を用いて善に飾っているとする。当然、道徳中の法（刑）を用うることとなる。

⑥性善悪混論（性に善悪混ずるの論）——前漢代の楊雄が代表者である。人の性は善悪の混じったもので、善を修めると善人となり、悪を取り入れると悪人となる。人々が善となったり悪となったりするのは、世界を構成している気（物質）の作用とする。後漢代の王充の説明では、性善は中人以上の者、性悪は中人以下、そしてこの善悪混在は中人とする。王充のこの解釈だと①の性三品論となろう。

⑦本然気質論——宋代の張横渠・程顥らに始まり朱子（朱熹）に至る学派の説である。この世界、この現象界は理・気の二元によって成り立つとする。気が集まって身体（形）をなし、そこに理が与えられて精神をなす。だから、理そのものから言えば、人と物とに区別はない。そのように気と理とが融合した状態を〈本然の性〉と言う。ところが、気はその集まり具合によって多様化する。例えば、宜しきを得れば人となり、宜しきを失えば人以外の物となる。また同じ人の場合でも気が清らかであると聖人となり、濁っていると凡人となる。この気による〈気質の性〉の実質的現われは身体であり、〈本然の性〉の実質的現われは精神である。しかし、両者は分離しているのではなくて、相い依っている。〈気質の性〉の内に〈本然の性〉が宿るのである。その全体を名づけて、二重の表現にはなるが、あえて〈気

質の性〉とする。すなわち、この世において具体的に存在するのは、〈気質の性〉ばかりで
ある。その全体としての〈気質の性〉は個人として現われるので、個別的となり、人に不善
があるのは、気質の混濁に依るとする。性善論の「性」は〈本然の性〉、三品論・性善悪混
論・性悪論の「性」は、〈気質の性〉を指しているとして、史上の諸論を総合化した。そし
て、この気質を修養によって、純粋にしてゆくことを強調することとなった。

三　徳論──修養の道

　価値の観点から見る相対的倫理として、例えば、君臣の間の〈忠〉がある。しかし、君臣
という関係は、現代社会においてもはや存在しない、前近代のものであり、現代における道
徳としてもはや存立しえない。一方、親子の間の〈孝〉は、家族が存在する以上、現代にお
いても道徳として生きている。また、〈孝〉の宗教性（祖先祭祀）から言っても、否定する
ことはできない。だから祖先・親への〈孝〉は相対的倫理としてではなくて、絶対的倫理と
して、また〈修養〉道徳として位置づけうる。のみならず、〈忠〉も、君臣の間の倫理では
なくて、〈忠〉本来の〈まごころ〉という本源のものとして見るならば、それは個人の〈修
養〉のための道徳として生きることができる。
　そこで、儒教倫理の内、〈修養〉としての倫理、有徳者たる道への倫理・道徳について

〈徳論〉として述べる。

例えば「父母に親あり。君臣　義あり。夫婦　別あり。長幼　序あり。朋友　信あり」（『孟子』滕文公上篇）という五倫はその代表ではあるが、似たものにいくつかある。すべて、他者との関係である。

しかし、有徳者への道として、父母・長幼・朋友については、それぞれ親・序（年齢中心）・信は今も生きている。君臣については、そうした関係は近・現代国家では消滅しているので、相対的倫理としては消滅せざるをえない。一方、夫婦については、この「別」であるとそこに序列が生じ、近・現代国家における夫婦の倫理として後退する。そこに早くから気づいたのが井上毅（明治の法制局長官。開明派であったが、伝統的漢学にも長じていた）であった。井上は「教育に関する勅語」いわゆる教育勅語を起草した天才であるが、この「別」を「和」に変更し、次のように構成した。「父母に孝に、兄弟に友に、夫婦相ひ和し、朋友相ひ信じ」と。右のような経緯を背景として、〈徳論〉を以下に述べる。

徳の内容の項目は多くあるが、儒教史の中で、漢代の董仲舒が説いた仁・義・礼・智（知）・信の五徳が一般的であるので、これに沿って述べてゆく。

①仁——その概念は愛とするのが基本である（本書七二ページ）。仁愛ということばがそのことをよく現わしている。ただ問題がある。その愛はだれに対してなのかという点である。キリスト教の場合、神はだれに対しても愛し給うという意味での博愛であり、人間はその在りかたに一歩でも近づくべく努力することとなる。しかし、儒教にはだれに対しても平均的

234

第六章　儒教倫理

に愛するという思想はない。あくまでも最高に愛すべき対象は父母である。それは自分との関係・家族関係においてである。だから、父母の次に愛すべき対象は、父母に親しい人間である……というふうに、自分から見ての関係によって定まる。つまり、優先されるのは、まずは血縁関係・家族関係である。だから、父母を愛しきって、次に諸肉親へと進み、さらに友人へとしだいに範囲を広げてゆくという意味での博愛（儒教にこのことばはある。他に「汎愛」）なのであって、無前提のキリスト教的博愛はない。

　②義——その概念は正義である。妥当であること、宜しきこと、である。そこに通底するものは、礼である。と言うのは、人間関係において、それが妥当であり、だれにも分る正義を外に示す表現が良き行動・行為であり、その儀式化されたものが礼であるからである。例えば、〈君臣の義〉の場合、君主は義をもって臣下に接し、臣下もまた義をもって君主に仕える。

　この義が関わるところは広い。父は、父の義をもって家族に接する。これが家族主義の儒教の鉄則である。いや父だけではない。母〔としての〕の義（『礼記』昏義篇）、夫婦の義（『大戴礼』盛徳篇）、さらには、子の義、諸侯の義、大夫の義（『春秋左氏伝』に散見）等があり、それぞれの立場における〈正当な本義〉という意味で、それらは礼の形を取るのが圧倒的である。だからこそ「礼義」（礼儀）ということばができるわけである。

　礼義（儀）である以上、対象やその観念は拡大する。とりわけ対社会の関係へと広がり、

235

遂には対国家（王朝）にまで至る。その極致が〈大義〉である。観念における極致は〈道義〉である。〈義理〉である。逆に、天下一般にとって宜しからざるものは〈不義〉である。

③礼——「礼」の元の字は「禮」である。「豊」は醴のことで、甘酒、儀式のときに甘酒を用いることが多い。「示」中の「丁」は祭卓（神を祭るときに使う机）の形であり、その祭卓の上に神に捧げる犠牲の肉を置く形が「示」であり、それを手（彐）でそれも両手で供える形が兀（示）である（白川静の説）。この「禮」字の外、「礼」とも書かれている。常用漢字の「礼」は、意外と古字の形に近い。

この〈礼〉は、神事が元であったので、厳粛な儀式であり、吉（祭祀）・凶（喪祭）・賓（交際）・軍・嘉（婚姻）の五礼となる。さらにはその一般化となれば、政治的な法制にまで至る。言わば、社会的典礼である。さらには儒教社会においては、法は道徳の一部であって、欧米のような、道徳と法とをそれぞれ独立させ、対立する二項とするとは考えない。

この一方、個人の修養としての礼は、内面化されると、心構え、在りかたとしては〈敬〉に尽きる。「敬意・敬虔・敬譲・敬弔・敬服・敬慕」と並べたことばを見れば、礼との関わりがよく見える。つまりは〈敬礼〉である。

④智（知）——この知が、なぜ倫理・徳の項目に相当するのか、不自然である。なぜなら、知は知性であり、徳につながる感性とは範囲が異なるからである。

236

第六章　儒教倫理

しかし、あくまでも一般論ではあるが、〈修養〉の大切さ、価値をすべての人が理解でき
るとは限らない。やはり或る程度の知的水準が必要である。すなわち、知性である。そこで、
前出したが（本書二三〇ページ）、上智・中人・下愚の別、生知（生れながらにして知る）・学
知（学んで知る）・困学（困しみ学んで得る）の別があるとする。つまりは、智を通じての〈修
徳〉という意識が強い。もちろん、たとい智は十分でなくとも修養は可能である。ただし
「知（智）徳」と言うときは、知（智）と徳と、すなわち知識・知恵と人徳・道徳との二つ
を指すのが一般的である。

　⑤信——まことである。ただし、まことにはいくつかある。例えば、王鳳陽『古辞辨』
（吉林文史出版社・一九九三年）に拠れば、「誠」は、心の中において真実であり、偽りがない
ことである。一方、「懇」は、外部に向って現われたまことである。すなわち忠誠心の発露
がそれに当る。また、古典的には「款」というまこともある。これには、うちとけた感じが
ある。「款待」（心からもてなす）・「款密」（親密）などがその例。そして「信」の場合、その
まごころが口頭・文面ともに、すなわち言語において発現しているさまを表わす。文字の形から言っても、心のまんな
かであり、それを尽すことである。

　ところで、中国人の言語は漢字を基とする。この漢字は、約三千年前、発生的には表意文
字系である。さらに約二千年前あたりから表音文字系の漢字が多く作られる。しかし、表音
字系である。

文字系といえどもその構造をなす各部分は根本的には表意文字系であるゆえに、漢字においては、表意性を含んでいることが多い。

さて、表意文字の大部分は、なにか或る物的な対象を写出するわけであるから、その字形において〈物性〉或いは〈元来の意図した意味〉がある。そのため、素朴実在論的な発想や感覚が脱けきれない。すなわち〈虚なるもの〉よりも〈実なるもの〉を求める思考・感覚が漢字と切り離せない。だから、「実・真・誠・忠・信」等、中身の詰まったまごころを尊重する思考がある。もっとも、そうした傾向が、心に向わず物に向い、この世は、財物第一というう感覚・思考になるのも中国人には多い。

倫理の範囲・項目は上述の五常以外に多くある。例えば、温和・素直・自主・自立・寛大・親切・信義・温良・円満・友誼・謙遜・謙虚・勇敢・協調・自発的・能動的・忠言・諫言・冷静・静粛・泰然・毅然・悠然・慎重・真面目・集中・懸命・努力・不屈・辛苦・勤勉・真剣・苦心等々、いくらでもある。これらは、性格・性行としてしだいにその人の人格を作ってゆく。こうした項目も修養のテーマである。

こうした倫理・道徳は、個人独りで身につける人もいることはいるが、大半は教育に依って形成されるとするのが儒教である。その教育の場は、まず家庭であり、さらに学校である。当然、そこでは必ず道徳教育が行なわれるとする。

238

第六章　儒教倫理

この、学校を作り教育するという考えかたは、儒教の根本である。老荘思想では、人為的教育を否定するが、儒教は肯定する。いや単なる肯定ではなくて積極的に行なう。それが学校制度となり、とりわけ、絶対的道徳を教える初等教育を大切にする。

儒教倫理については、明治から昭和二十年あたりまで、数多くの著作が刊行されている。どれを見ても同じようなものであるが、そういった著作を一冊読めば、かつての日本人が理解していた儒教倫理像が分る。

四　共同体における規範

世界的に見て、近代以降の整った国民国家（王侯貴族でなく、国民が運営する国家）は、全世界において今でもまだ少数である。多くの国は、国民国家風ではあってもまだ熟していない。実質的には前近代的国家であるが、この国民国家を運営するものの中心は、法（法律）である。そのため、国民国家においては、なによりも法を重視する。しかし、少なくとも東北アジアでは、法が絶対視されるのは、近年のことにすぎない。日本は、比較的には法重視ではあるが。

では、どういう考え方であったのか。

結論を先に言えば、共同体という現実や感覚が古代からずっと今も生き続けているので、

239

共同体における規範（道徳）の重視が一般的であったし、今も根強い。

では東北アジアにおける共同体とは何か。

それは、窮極の血縁共同体である。地縁共同体もあるが、それは単なる地縁に由る他者との関係ではない。血縁による親族以外の親類すなわち姻族がそこに多く存在する。なにしろ同姓不婚であるから、また、遠距離の人との婚姻は現実性がないから、近い地域の別姓の家との婚姻が現実的であった。だから、他者同士が集まる単なる地域共同体ではなくて、そこに親類関係がかぶさっているのである。

このような血縁共同体・地域共同体であるので、その親族は多数であり、姻族を含む親類となると、厖大な人数となる。仮に親族だけとしても、百人単位、千人単位なのである。

この血縁共同体を、中国では「宗族」と称する。この宗族の団結は堅い。日本の一族でも同様である。例えば、森鷗外の名作「阿部一族」。阿部家の誇りを守るために、藩主から差し向けられた上意討ちの同輩たちに対して、阿部一族は本家の邸に立て籠もって戦って全員が討たれる。女子・幼児らは戦闘前に自決している。その凄まじい団結が血縁共同体の在りかたを示している。

中国の場合、この宗族意識（現実の利害関係も含めて）が強烈である。要は、この宗族が幸福であれば良いのであって、歴代の国家は民のために尽くしてくれたことがないという経験上、国家に対して何の関心もない。極端に言えば、政権担当者がモンゴル民族（元王朝）であろ

第六章　儒教倫理

うと、満州族（清王朝）であろうと、つまりは漢族でない外国人であっても平気なのである。そこからは国家意識など生まるべくもない。

そのため、現代中国の共産党政権は、いろいろな手段に依ってこの宗族つぶしを図ってきた。それは、或る程度、成功したが、完全ではない。今後も中国の政権には宗族問題が残ってゆくであろう。

さて、古代にもどると、この宗族（血縁共同体）の団結を支えているのは、同族の祖先祭祀であることは言うまでもない。それによって結ばれているのである。

この宗族には、冠昏（婚）喪（葬）祭の式典があり、それが一族のさらなる団結を生む。その式典の内容こそ〈礼〉なのである。だから、宗族において礼が最も重要な規範となる。

これが同時に彼らの道徳意識を生み、そこからさまざまな概念（仁・義等々）が生れてきた。

もっとも、礼は広範な規範となるので、共同体における罰も存在する。そこで、道徳の一部に法が生じる。この法は〈のり〉である。〈のり〉と訓む漢字は多い。例えば「式・典・則・度・矩・経・規・準・詮・儀・範・憲」と。分けても「法・刑・律」は罰。儒教道徳における法は、刑・律である。この法（実体は刑）が後に法家思想の根核となって肥大してゆき、遂には、荀子がその理論構成を行なう。ただし、まだ儒家の範囲内にあったが、その系譜から韓非子が登場し、独立し、法家思想を形成するのであった。

終章

儒教と現代と

右図は中国唐代の石経（石に彫ったもの）の拓
本。左図は朱子の注のついた『論語』の刊本で、
訳（訓点）は江戸時代の林羅山（道春）

一　現代における儒教

儒教とは何か——その歴史を本書は、（一）発生期の原儒時代、（二）儒教理論の基礎づけをした儒教成立時代、（三）その基礎理論を発展させた経学時代、に分けて述べてきた。要するに、儒教は礼教性（表層）と宗教性（深層）とから成り立っており、大きく言えば、（一）は、礼教性と宗教性との混淆時代、（二）は、両者の二重構造の成立時代、（三）は、両者の分裂とその進行との時代である。その礼教性は公的・社会的（ただし、家族外が中心）・知的性格を有し、知識人（読書人）・官僚（士大夫）を中心にして深化した。一方、宗教性は私的・社会的（ただし家族内が中心）・情的性格を有し、一般庶民を中心に受け継がれてきた。ただし、礼教性と宗教性とは、家族論において重なりつつ、つながっている（本書二二ページの図）。この点が重要である。

このように展開してきた儒教が、それでは近・現代においてどのような形で存在しているのであろうか、連続しているのか、消滅してしまったのか、といった問題が最後に残っている。その点についてこの節において述べてゆきたい。

儒教の批判者たち——歴史的に言えば、老荘思想に始まり現代の文化大革命期における批林批孔運動（文化大革命期に機会主義的に政権を握った人物として位置づけられた林彪への批判、

終　章　儒教と現代と

並びに、反革命的とされた林彪が孔子崇拝をしていたというので、併せて孔子をも批判する運動）に至るまで、中国人たちの批判の大半は、儒教批判と言っても、実質は礼教性への批判であって、宗教性への批判ではなかった。だから、いくら批判しても、それは儒教に対する根本批判、根底からの批判とはならなかった。

しかし、形式的には、見かけにおいては、礼教性批判は功を奏する。なぜなら、礼教の大半は制度や慣行として現われていたから、それらは時代の進展とともに内容が遅れ、ずれてくる。そのずれにおいてさまざまな矛盾や非現実的なことが当然出てくる。だから、その点を突くことはたやすく、人々の共感も得やすい。その意味では魯迅ら中国近代の知識人たちの急進的な儒教批判は見かけは当っていた。なぜなら、彼らの儒教批判とは、実は儒教の礼教性批判であったからである。礼教的構造の清王朝と近代国家のありかたとを比べると、そのずれはまことに大きく、中国近代の知識人たちは国教としての儒教を批判せざるをえなかった。それはそれで正しかったが、宗教性の方を見落していたので、何度も述べるように実は効果はなかったのである。

しかし、さすがに世の宗教者は儒教の宗教性という根本に向って批判した。仏教がそうであり、キリスト教がそうである。すなわち祖先崇拝や招魂儀礼への批判である。しかし、後の中国仏教、そしてその中国仏教を経てきた日本仏教は、祖先崇拝を結局は自分の側に取りこんで融合してゆき、東北アジア人に受け入れられる独特の仏教すなわち日本仏教を作って

245

いった。この日本仏教はインドで生れた仏教とは異なるものである。つまり、仏教は儒教の宗教性を批判しきることが終にできなかったのである。もっともキリスト教は、祖霊信仰を含め、招魂儀礼そのものに対して依然として今もその批判を続けている。例えば、戦争で散華した英霊の憑りつく忠魂碑に対する慰霊祭を行なうことや靖国神社参拝に対しての攻撃がそれである。

さて、国民に主権があるとする民主主義に基づく現代国家となった今日においては、中国の科挙官僚や日本の武家行政家らに煮つめられて、その意識を引きずってきた礼教性的儒教は、その一般性や組織においてほぼ完全に崩壊し解体した。例えば、日本の場合、現在では、天皇への《忠義》という礼教的規範はほとんど完全に消滅してしまっている。また、経済的には資本主義が主流であり、商工業の発達した現代にあっては農本主義の儒教はその発言力を弱めている。すなわち、前近代のかつての諸制度と結びついていた儒教の礼教性の影響力を、表面に直接的な形で見ることは困難である。

だから「儒教文化の精神構造には、変革を通じて経済発展を促すような力はないと思います。たまたま、何らかの要因で、その国が経済発展の枠の中にはまると、儒教の教えは、その国の経済成長を促進する役割を果たすわけです」（金子敬生・安元泰弘共編『東アジアの経済発展』三三〇ページの仁平耕一の発言・渓水社・一九九〇年）というような発言が出てくる。

しかし、このような発言は、儒教を粗大に捉えた典型である。儒教の礼教性は一般性や組

246

終章　儒教と現代と

織性としては確かに崩壊したけれども、変形したり、部分的に残存したり、或いは人々の意識の底に沈んでいる。右の発言中「儒教文化の精神構造」とあるが、その内容はいったい何なのか。例えば、朱子学的論理性（順序を追って段階を踏んでものごとを因果律的に理解し解決する方法）、人工・人為的世界の重視（人間や環境を知的な社会性あるものとする）、有能な行政官僚の指導の重視、階層の流動性の観念（その典型が科挙という試験の合格者の階層上昇。現代日本では学歴や各種試験合格がそれに相当している）といったものなどが、「儒教文化の精神構造」を組み立てている。そこには「経済発展を促す力はない」と言うのであろうか。

仮に、そうした点を問わないとしても、もっと重大な誤りがある。それは現代の研究者〔とりわけ中国学の〕が依然として儒教の宗教性を相変らずまったく見ていない点である。

儒教の宗教性は、現代においてしぶとく生き残っている。すなわち、孝である。祖先祭祀・親への敬愛・子孫の存在という三者を一つにした〈生命の連続〉という生命論としての孝、死の恐怖・不安からの解脱に至る宗教的孝である。

その孝は、日本では仏教が吸収してしまってはいる。しかし、家庭における仏壇は、実は仏教本来のものではなく、儒教における廟・祠堂或いは祖先堂（祖先の神主を祭る場所。みたまや）のミニチュアである。仏壇の最奥上段に座します本尊を拝み、読経すること、これは仏教である。しかし、本尊から一段下った中段に並べられている祖先の位牌は、空中に浮ぶ祖先の霊をそこに憑りつかせる神聖な存在である。そこに祖霊を招き〔思いを致し〕慰霊を

247

する。それは儒教である。仏を崇める経文を読みつつ、一方、香を焚き、まごころ（誠）を
こめて祖霊に祈るのは儒教の招魂儀礼である。毎朝、私は仏壇の前で、崇仏（仏教）と慰霊
（儒教）とを行なっている。この二つを混合しながら、古来、日本人は仏壇を自分の家の精
神的依りどころとしてきた。儒・仏を混合している中国人・朝鮮人もそうである。私は真言
宗信者として仏教を、原感覚として儒教を、論理矛盾を知った上で、ともに大切にしている。

日本人はお彼岸やお盆には祖先の墓参りをする。インド仏教においては、墓を建てること
はもとより、墓参りなどあり得ないのに、日本人はそれを行なう。儒教において墓参りし、
墓の掃除をするのは、清明節（春分の日からあとの十五日間）のときであって、彼岸や盆と
は関係がない。中国人は今もそうしている。

しかし、そのような儒教と仏教との混合は、なにも日本人だけではない。中国人の場合は、
儒教・仏教に加えてさらに道教までが混合している。多神教の東北アジア人は、神仏をいろ
いろとお祭りして平気である。なぜなら、本地垂跡という考え（本書三〇ページ）に由って
多神相互の矛盾はきれいに消えてしまうのであるから。

この日をお彼岸やお盆の日に選ぶのは日本仏教である。すなわち、墓参りは本来
儒教であり、その日をお彼岸やお盆の日に選ぶのは日本仏教である。

このように、われわれ日本人の家庭の場合、〔廟・祠堂でもある〕仏壇を中心に祖先祭祀に
依って精神的にまとまっている。ホテル家族（家をただ寝泊りに使うだけで精神的つながりの
乏しい家族形態。小此木啓吾説）となる大きな理由の一つは、おそらく仏壇や墓に対して習慣

248

終　章　儒教と現代と

や関心がなかったり、法事や墓参りをしない家庭であろう。今日、そういう家庭が増えてきていることは事実である。しかし、大部分の家庭では依然として一族に依って法事を行ない、祖先の祭祀を怠っていない。この事情は台湾・韓国においても同じである。例えば、在日朝鮮人家庭において、命日などに祖先の霊を祭る儀式の〈祭祀〉（チェサ。これは完全に儒式の儀礼）が、今もきちんと行なわれている。すなわち、儒教における宗教性が家庭においてちゃんと生きている。ここのところが最も肝腎である。ここにこそ、儒教文化圏が存在する根拠があるからである。

家族における精神的つながりを、各家庭において持っていること、それは家庭という空間を安定させるとともに、過去（祖先）から未来（子孫）にかけての時間という儒教風の永遠を求める意識を養っている。そこから、現実の己れの生死を越えて広い世界を見る眼も生れてくる。

もし儒教風の永遠をこの世に求めるとすれば、社会や地球に対して、後は野となれ山となれ、というような無責任なこと、例えば環境破壊などはできないではないか。また、義務に力を入れず、ただただ個人の権利の主張を突出させるだけという行きかたもそぐわない。常にいま自分とともにある家族という共同体と運命を共にするというのが、儒教文化圏の人々の心情なのである。すべては、ここから始まる。

共同体には、もちろん愚劣さも多くある。しかし、この世に完璧なものなどはない。儒教

249

文化圏の人々には、キリスト教的な唯一神の恩寵（おんちょう）を求めるという他力的な発想はない。仏教的な輪廻転生という発想もまた稀薄である。この現在、この現実を家族とともにどう生きてゆくのか、ということを懸命に考え行動する生活者が、儒教文化圏の人々である。それを支えているのが、宗教的孝、生命論としての孝であることは言うまでもない。

東北アジア、すなわち儒教文化圏における経済や工業の発展についてその理由を研究する際、或いは広く儒教文化圏の諸問題を検討する際、衰退しつつある〈儒教の礼教性〉を見るのではなくて、人々の間でしぶとく生きている、そして今後もしぶとく生き残ってゆくであろう〈儒教の宗教性〉をこそ指標として見るべきである。礼教性のような上部の規範（道徳）の相当部分は社会や歴史の変化と連動して変りもし消えてもゆく。しかし、根底の宗教性は、東北アジア人の原感覚に基づいているのであるから、これは絶対に変らない。ましてイデオロギーごときが動かせるものではない。

この〈儒教の宗教性〉は、一部、家族理論中の礼教性を残しつつ（家族が接点であるから当然であるが）、儒教文化圏、東北アジアの人々の心の中に生きている。心の深層の中に生きている。それを私は〈儒教の内面化〉の時代と捉えている。これが現代における儒教である。

われわれ儒教文化圏の人間は、このような時代に生きている。

東北アジア人としては、その原感覚の、祖先祭祀を核とする宗教性に基づいてその上部に現代における倫理（環境破壊をしないなど）や家族論（精神的な柱など）などを樹ててゆくべ

250

きであろう。それが最も人々に共感を与えると考える。その際、おそらくいわゆる進歩的人士が、相変らず儒教の礼教性（これまでのそれは、もうすでに崩壊しているのに）を持ち出してきては、古い封建的なこのようなものの復活反対などと声高に叫ぶことであろう。しかし、それは〈無学にして無知な知識人〉の見当はずれの批判であり、時代錯誤の硬直したイデオロギーの宣伝にすぎず、原感覚をしっかと持っている庶民の共感を呼び起さない。

本書が、儒教倫理そのものやその働きや意味などについて書くべきことが多くありながら、努めて記述を少なくしたのは、まず何よりも、儒教を通じて〈東北アジア人の原感覚による宗教性〉を理解してほしかったためである。

二 儒教と脳死・臓器移植と

ES細胞・iPS細胞等によって臓器・皮膚・骨などを作成する医療技術がまだ発展途上である以上、人体（生体・死体の二つの場合がある）の臓器を他者に移植することが現実に行なわれている。その場合、脳死者からの提供がある。

その実情上、脳死は現代において大きな意味を持っている。従来は心臓・肺臓の活動停止をもって死としてきたが、いまや脳の機能停止をもって死と判定し、可能ならば、家族の同意を得た後、ただちにまだ活動可能な他の臓器、例えば心臓や肝臓などを患者に移植して病

気から救済しようというわけである。

だが、ことは生命にかかわる重大問題であるから、関係する諸機関は生命倫理に関する懇談と慎重な議論とを重ねている。もっとも、その大目的は脳死の公認にある。

しかし、報道で伝えられる議論は、医学・法律・倫理などの方面のそればかりであって、宗教的観点よりする意見が十分でない。人間は、医学的理解・法律的合意・倫理的納得といった生の世界にある一方、死の世界を考える生物である。この死の世界については宗教のみが語りうる。脳死を議論するならば、死の世界を語りうる宗教的立場からの発言も、仏教やキリスト教などからのものがほとんどである。しかし、現在のところ、宗教的立場からの発言は、まず耳を傾けるべきであろう。これは偏っている。東北アジア人ならば、まず第一に儒教の立場を聞くべきであろう。

問題は、死の捉えかたである。各思想・宗教において死に対する観念はさまざまである。しかし、死後、肉体は土に帰り、魂は肉体から脱けでて存在するという観念は非常に古くからあり、また世界各地に見られることは言うまでもない。さらに、この魂を現世に招いて再生させる招魂儀礼もまた古くから広く行なわれてきた。いわゆる祖先(祖霊)崇拝はその典型である。

〔復魄〕再生儀礼、②生きてある親に愛情・敬意を尽すこと、③祖先以来の生命を伝えるた

あえてくりかえし言えば、儒教は、①一族が亡き祖先を追慕して祭ること、すなわち招魂

終　章　儒教と現代と

め子孫を残すこと（人口の適切な増加を求める人口論もここに関わっている）、この三者を併せて「孝」と称し、儒教理論の根本とした。孝とは、祖先という過去、親という現在、子孫という未来にわたって生命が連続することに基づく思想なのであって、現在の親だけを対象とするものではない。

すると、祖霊は招魂儀礼によって、このなつかしい現世に再び帰ってくることができるし、逆に、現在のわれわれをして遠い過去にも生きていたことを知らしめる。現在、われわれが存在すること、すなわち逆に言えば、祖先があるということは、われわれが例えば百年前、或いはさらに千年前、万年前に確実にどこかで個体として存在し生きていたことを意味する。

このように儒教における孝とは、生命の連続を主張する生命論なのである。

＊だからこそ、生きている親が子のために臓器を提供すること、すなわち生体臓器移植などには納得するのである。

この結果、死に臨んでは身体の完全さを重んじることになる。そうなると、子孫や親類など一族、或いは現代ならば広く「血はつながっていないが」友人や知人による招魂儀礼によって現世に再生するとき、身体の完全さということを意識せざるをえない。とすると、仮に眼球を提供してしまった場合、再生のとき、物を見ることができないという恐怖と嫌悪の念とが生じるのである。

253

と言えば、知識人は笑うことであろう。死後に対し何を無知なことを、と。しかし、そこに大きな誤りがある。儒教は、中国・朝鮮、そして日本と、祖先崇拝を核とする儒教文化圏を作ってき、二千年以上にわたって政治や社会を動かしてきた。それを可能にしたのは、儒教理論の根本において孝という生命論があり、祖先崇拝の精神的紐帯とともに儒教文化圏の人々の感情をしっかと捉えてきたからである。その影響は大きく、日本人の心に根深く生きている。流行の新興宗教に共通する呪術的シャマニズム的傾向（とりついている悪霊を取り除くと称する浄霊行為など）は、儒教文化圏の日本人が古くから持ち続けている招魂儀礼・祖先祭祀の心情に巧みに乗ったものである。いや歴史的には、仏教における先祖供養、或いはさまざまな慰霊祭もまた儒教やその儀礼の影響の下にある。

さて、脳死はいずれ公認される。論理的に正しく知的に理解できるからである。しかし、問題はその次である。すなわち脳死であれ心臓死であれ、他人への臓器提供者が日本において果して十分にいるのかという点である。いくら脳死を公認しても、東北アジアでは臓器提供者は少ないであろう。なぜか。

日本において臓器提供者が少ない現実は、儒教的死生観をぬきにして説明することはできない。キリスト教文化圏・仏教文化圏と異なり、儒教文化圏は面倒な問題をかかえている。臓器提供は、理屈では分っていても、感情が許さないのである。しかし、仏教では、死後の肉体には、何の意味もないはずであるから、真の仏教信者ならば、遺体を臓器移植用に提供

終　章　儒教と現代と

できる。いや、即座にできなければおかしい。だが提供をしぶるのは、儒教感覚だからであ
る。しかし、儒教的土葬から仏教的火葬に移りつつある今日であるから、臓器提供者や家族
が十分納得できる儀礼を含めた宗教的了解の可能性はある。例えば医学部で行なわれている
丁重な慰霊祭（学生の解剖実習のためや、死因研究のため病理解剖に提供された遺体への慰霊祭。
おそらく欧米にはない祭祀であろう）などが重要な意味をもってくるであろう。ところが、そ
の慰霊祭において、まごころのこもった慰霊が行なわれていることを、一般の人はほとんど
知らない。私は或るとき列席し、医師はもとより、看護師ら医療関係者・医学部学生など大
学病院の関係者の誠意には、本当に感動した。凡百の議論をするよりも、まごころのこもっ
た慰霊祭の存在を示すことこそ東北アジア人の共感を呼び起す最大のものであろう。しかし、
この大切なことについて、だれもなにも触れない。永遠の招魂慰霊を求める日本人に対して、
大学病院が供養塔を建て責任をもって定期的に心をこめて招魂慰霊をし、その姓名を後世に
永く伝えるならば、臓器提供者は確実に増えるであろう。

　私はさらに二点を提案する。①臓器提供者に対して、毎年度、都道府県知事による慰霊祭
を行なうべきである。②臓器提供先を明らかにし、提供者家族と、被提供者家族とがともに
喜びあうことである。現行法規では、提供先を明らかにしないことになっているが、それで
はだめである。アメリカで、提供者側の者が被提供者側に金銭を求めた事件があったからと
言うが、日本において、そういうことが起りうるだろうか。亡くなった縁者の臓器が生き残

っていることに対して、むしろ喜びがあるのではなかろうか。

にもかかわらず、慰霊をどうするかということを始めとして、儒教ぬきの脳死議論をしているのでは、たとい脳死が公認されたとしても、人々は心からは支持せず、肝腎の臓器提供者は依然として少ないことであろう。のみならず、〈楽しいこの世〉に一分でも一秒でも生きていたい儒教文化圏の人々のエゴイズムはしたたかであるから、金銭を使っての外国からの大量臓器輸入となるのではあるまいか。それが宗教に対する配慮ぬきで行なった〈生命倫理についての懇談〉の結果というのでは、あまりにも〈非倫理的〉で無残である。

三　儒教と教育と――そして自然科学的思考の基盤

儒教文化圏の工業や経済の発展の理由の一つとして、儒教における教育重視がよく挙げられている。それは正しい。しかし、儒教がなぜ教育を重視するのか、またその教育がめざしてきたものとは何か、といったことを理解しなければ、単なる「教育重視」という見かたに終り、ただそれだけでは他の文化圏における教育重視との相違が分らないことになる。儒教における教育重視には、やはり儒教的理由があったのである。それは何か。

中国には儒教以外の思想も存在してきた。その代表が老荘思想であることは言うまでもない。例えば『老子』では、とりわけ嬰児の無邪気さを最高の善とした。大人は虚飾をまとっ

256

終　章　儒教と現代と

ているが、嬰児には虚飾がなく、自然そのものであると言う。『老子』のこうした子ども観は、彼らの〈自然・無為〉重視の思想に基づいている。老荘は、儒教が〈人工・人為〉を重視したことを徹底的に批判し、逆に自然を尊重した。儒教の立場では、自然的世界は未開・野蛮なものであり、人間の手が加わった人工・人為的世界（それは礼の世界）こそがすぐれたものだった。だから、人々に聖人の作った礼を「教」え、道徳による「感」化をしてゆき、その華やかな「文」の恩恵を与えてゆくこと、つまり「教化・感化・文化」してゆくことが大切である、と儒教は主張したのである（本書一一五ページ）。逆に老荘は、儒教のもつ人工的性格、人為性を批判したからこそ、嬰児讃歌のような考えかたを取ることになった。

だから儒教のもとでは、子どもは人工・人為的世界の恩恵を与えるべき存在と考えられた。具体的に言えば、子どもは教育されなければならない、ということである。儒教にとって、教育とは、自然のままの動物的状態から脱して、人間の作った文化を享受できる社会性がある状態に変えることを意味した。前六世紀頃に思想としての儒教が成立して以来、一貫して子どもの教育の必要性が主張されてきたのは、こうした理由からだった。当然、その内容・課程・制度、さらに教科書など、教育に関するさまざまな問題が儒教の歴史とともに常に論じられてきた。そこで、代表的な教科書の一つとして、宋代の大思想家、朱子が編んだとされる『小学』を引いてみよう。

『小学』は、四書五経を含む儒教古典の文章や、歴史上の人物のエピソードを抜き出して集

めたもので、学習の手はじめであると同時に、儒教の概説書でもあった。ただし、それらの古典は、知識人が読む本であっても、庶民には縁が遠かった。『小学』は、子どものための簡約版だったが、庶民にはやはり程度が高すぎ、村塾に通った庶民の子どもは、定型的な教訓を三字一句に盛りこんだ『三字経』などの通俗教科書を読んだであろう。朱子は、まずこの『小学』を学習して、それから『大学』『中庸』『孟子』『論語』の四書を経たのち、『易経』『書経』『詩経』『礼記』『春秋左氏伝』の五経に進むamong教育課程を示した。

『小学』は、二部に分れ、その内篇は、儒教古典からいろいろと抜き書きしている。例えば、具体的に、子どものしつけについて記す。朝、ニワトリの声で起きると、洗顔・うがいをして衣服をあらため、寝床を整頓したのち、家の内外を掃除すること、外出のときは、親に必ず行き先を告げ、帰宅したら報告を欠かさない、年長者と同道するときは少し退いて歩くこと、など日常の作法について細かに述べ、社会的マナー、すなわち礼を子どもに教える。また『小学』の外篇は、史上の人物のエピソードを集めて、それを通じて人間としての見識や在りかたを養うことができるように作られている。

子どもの教育に当たって儒教が礼を教えることを第一にしたのは、中国社会の要求でもあった。中国は秦の始皇帝以来、官僚機構が発達した中央集権国家ではあったが、組織として整っていたのは、皇帝以下、県知事クラスくらいまでだった（本書一二四ページ）。それから下は、実際には、地方の有力者や血のつながった者たちが集まった共同体が、自治的機能を

258

終　章　儒教と現代と

果していた。これらの地縁血縁共同体において、第一に尊重されたのは慣習だった。慣習と
は、言いかえれば礼（道徳）のことである。中国人の圧倒的多数は農民であり、これらの共
同体の基盤は農村にあった。こうした理由から、農村における慣習としての礼について学習
することが、中国の子どもにとって、なによりも大切なことだったのである。この礼を守る
ことがすなわち道徳を守ることであった。

　さて、こうした教育を見てみると、知識教育もさることながら、道徳教育ということが儒
教の教育観において大きな位置を占めている。その好例は、例えば上述の掃除である。今日、
小・中・高校において生徒が義務として掃除をするのは、おそらく儒教文化圏における学校
のみではなかろうか。

　この掃除という習慣は、東北アジア人の労働観にもつながっている。学校では、知識層の
子弟であろうと、庶民の子弟であろうといっしょになって平等に掃除（労働）をする。イン
ドのカースト制では、掃除は低い階層のすべきこととなっている。身分の差別と職種とを並
行させている。しかし東北アジア人特に日本人にそのような観念は少ない。だから、必要と
あれば、みなが一致協力して掃除（労働）をする。つまりは全員が同一作業（職種）をする。
また、掃除は整理整頓という習慣づけの形成に役立つ。現代の工場における共同作業や整理
整頓や品質管理の厳密さはおそらく同一線上においてつながっているであろう。

　このように、道徳教育を重視する一方、その知識教育においても特色がある。日本で「読

259

み書き・そろばん」ということばに表わされているように、東北アジアの初等教育では実学を重んじる。なぜなら儒教では身近なことを学ぶことを重視するからである。それは今日においても生きている。例えば、小学校の算数の応用問題（文章題）と言われる分野がそれである。

算数で比例・百分比を教えたあと、ただちに応用問題というものを出す。そのときよく出される例題は、商品を例にとっての利益率とか、利率計算である。「原価二百円で仕入れたものに二割の利益をつけて定価としたが、売れなかったので三十円値引にして売ったら、いくら儲けたか」といった調子の問題である。こういう実学的な、いわゆる応用問題を出して算数の訓練をするのは、おそらく儒教文化圏の学校だけであろう。これでは東北アジア人が経済に強いはずである。子どものときから利益計算にしっかり達者なのである。東北アジアの経済発展の背後で、小学生諸君もがんばっているのである。

ギリシア以来、知的ゲームとしてユークリッド幾何学を愛好する西欧人の数学観とは、根本的に異なっている。十進法であるから計算のしやすい東北アジアの算教と、論理で推しつめる西欧の幾何学との相違について、どちらが上とか下とか、そのような価値づけはあまり意味がない。ただ、発想や性格形成に大きな相違を与えるであろうことは確実である。この実学重視は算数だけではない。他の教科においても見られる。

また、儒教では、学問をすることの目標は博学である（目的は聖人と成ることであるが）。

260

終章　儒教と現代と

具体的に言えば、詩文を作るために古典のことばをしっかりと学習し、たくさん覚えることであった。暗誦重視である。その結果、博学となる。しかも、古典という聖人のことばを理解し祖述することが大切なのであって、個性を現わし新奇なことを創作するのは邪道であった。いわゆる「[聖人のことばを]述べて[も、新奇なことは]作らず」（「述而不作」『論語』述而篇）である。

とすれば、独創よりも模倣が、或いは模範となる型に自分を嵌めてゆくことが感覚となってゆくのは当然であった。あえて言えば、個性の強調、個性を伸ばすなどという胡散臭い理想主義を儒教は取らないのである。

だから儒教ではエリート教育と大衆教育とという二分をする。知識方面での大衆教育とは「読み書き・そろばん」の徹底である。しっかりと実学を身につけることが大衆にとって幸せなのである。それを理想主義的に教養教育風に無理やりエリート教育まがいのものを押しつけたり、個性を伸ばす教育をするなどと称して、大衆から無い知恵や感情をしぼるのは、大衆にとって迷惑以外のなにものでもない。

「読み書き・そろばん」を教える実学の儒教的伝統が、大衆教育の普及の原動力となっていたのであり、儒教文化圏ではエリート教育の普及などはなかった。エリート教育は文字どおり一部分（例えば科挙の受験勉強）であった。これに反し、多くの人を対象とする大衆教育の成果が、今日、商業・工業において現われつつあるのだろう。もっとも最近では、大衆に

261

は大衆教育をすればよいのに、わざわざエリート教育（教養重視教育）をしようと無理なこと（国・数・社・理・英の難度の高いものを教えることなど）をしつつあって、大衆はかえって迷惑を蒙り、おかしくなってきている。

最後に、工業発展と儒教教育との関係を一言つけ加えておこう。朱子学が重要な働きをしている。近世の儒教は朱子学が主流である。朱子学が、それを学んだ人は道学先生とからかわれたりするほどの固苦しい倫理道徳を人々に吹きこんだことは事実である。しかし、その学問的方法は、実は因果律的（自然科学的）なのである。

本来儒教は、努力すれば聖人（理想的人間）に必ず成れるとする。その大原則に沿って、朱子は、聖人に至る過程を示す。その過程は、全体的に言えば道徳的完成をめざすものであるが、その途中に、「格物致知」という段階がある。これは「物〔の真理〕に格り、知〔識〕を致す（得る）」といった意味であるが、要するに、知識段階においては論理的に因果律的に順を追って窮めてゆくということである。もっとも、知識を越えて知恵を知る段階では、直覚というジャンプが起るが。

この段階的・因果律的推論を朱子は弟子たちに徹底して教えた。朱子学において最も重要な概念である〈理〉の理解もそうした追求によって可能であるから、窮理（理を窮む）でもある。

こうした追求、段階的・論理的・因果律的推論の訓練を、朱子学を通じて東北アジア人は

262

終　章　儒教と現代と

していた。すなわち、西欧の近代自然科学が流入したとき、その自然科学的思考を理解でき
る基盤がすでにあったのである。だからこそ、いわゆる物理学（physics）を初期は窮理学と
か格物学とか理学とかと訳していたのである。例えば、『窮理問答』『格物入門』『理学初歩
直訳』といった書名の教科書が、明治時代、旧制中学校や旧制高等学校で使われていた。お
そらく理科とか理学部という「理」のついた名称もこれと関係があるだろう。

朱子学が思考方法として主張した「格物致知」「窮理」は、自然科学の因果律の思考に近
い。だから、儒教において道徳的人間の完成という目的を削った場合、朱子学的訓練を受け
た東北アジア人は、比較的容易に物理学をはじめとする自然科学の世界に飛びこむことがで
きたのである。

四　儒教と政治意識と

儒教文化圏に共通するものの一つは、中国・朝鮮・日本それぞれが、同一地域において統
一国家がほぼ同一民族を中心にして長く続いたということである。特に中国の場合、あの広
大な地域に、西暦前以来、中央集権制並びにそれを動かす法律ができていた。だから、法律
はキリスト教社会におけるような契約の観念をもったものではなく、また社会は、例えば、
アメリカ建国以来のようなつぎつぎと移民を許して〈作ってゆく〉ようなものでもなかった。

263

東北アジア人の場合、生れたときすでに確固とした政治システムがあり法がすでにあった。しかもその法はお上の統治手段としてあったので、法について東北アジア人は、お上に従うという意識なのである。国語辞典の先駆である『大言海』における「デモクラシイ」の説明が有名な例としてよく引かれる。すなわち「下流ノ人民ヲ本トシテ、制度ヲ立テ、政治ヲ行フベシト云フコト。古ヘノ所謂、下剋上ト云フモノカ」と説明する。またその「下剋上」の項も「此ノ語、でもくらしいトモ解スベシ」下トシテ、上ニ剋ツコト。臣トシテ、君ヲ凌グ（おしのける）コト」とある。編者の大槻文彦（漢学者、大槻磐渓の次男）にとって、西欧のデモクラシイは実感のない政治制度であった。だから、江戸時代から明治時代への展開も、東北アジア人が共通に理解できる儒教政治理論で捉えている。すなわち中国における「封建」と「郡県」との相違を示したあと「我ガ邦ニテモ、上古ハ封建ノ制ノ如クナリシガ、孝徳天皇ノ大化ヨリ郡県ノ制トナリ、鎌倉ノ世ヨリ亦、封建ノ勢力ヲ兆シ、室町、江戸ノ世ハ全ク封建ノ制度トナリ、明治二至リテ郡県ノ制トナレリ」（「封建」の項）と。

これはなにも大槻文彦の特別な例ではない。例えば、馬場恒吾『大隈重信伝』（改造社の偉人伝全集第十三巻・昭和七年）もこう言っている。「伊藤（博文）は……外国の郡県制度を見てゐたので、日本の封建制度が如何に国家組織として幼稚なものであるかを知つてゐた（八二ページ）。……山県（有朋）が『今日までの兵制改革を見ると、どうしても制度改革の上は、封建を破つて先づ郡県政治を施さねばならぬと考へる。……廃藩置県に着手しては如

終　章　儒教と現代と

何であらう』と相談すると、西郷（隆盛）は『実にさうぢや、それは宜しいが、木戸（孝允）はどうか』（一〇三ページ）と（加地注…木戸らすでに同意）。

欧米の産業革命以後の近代的中央集権国家の組織をはじめて知った東北アジア人の場合、東北アジアの政治理論、すなわち儒教政治理論から言えば、それは郡県制国家であると目に映った。

江戸時代の幕藩体制の類型は、儒教政治理論から言えば、封建制である。封建制における王は天皇に相当し、その下の諸侯は諸大名に当る。諸侯のリーダー、すなわち覇者は将軍家である。このシステムを倒して天皇を頂上とする中央集権国家を作るとすれば、儒教を修めた幕末明治の人々の知識や感覚において、郡県制のイメージが登場したのは当然であった。

明治二年の版籍奉還（中央政府に対して諸侯の自治権・所領の返還）、明治四年の廃藩置県（藩を廃止して、全国に府・県を置き、府・県知事は中央政府の任命）は、秦王朝の郡県制に酷似している。中央集権国家を作るために、このような疑似郡県制を布いた明治政府が、秦王朝の法治政治よろしく、法律を最大の自分の武器としていこうとしたことは言うまでもない。そのように、近代的政府となっても、法はお上のためのものという観念が、東北アジアでは非常に強く、今もそれはあまり変っていない。しかし歴史的には、中国でも日本でも、末端では、実際上は郷党や一族という共同体組織が人々を管理していた。その際の管理規則が共同体道徳であったことはすでに述べてきた。

265

また、秦王朝の始皇帝は、法家思想に基づいて中央集権国家を建てたが、そのとき、民は官僚を師とせよ、とした。これは、官僚による統制という法家思想的発想によるものであった。もっとも官僚は同時に高度の知識人であったから「民は官僚を師とする」という考えは、その意味を変えて、後の儒教官僚の立場に受け継がれてゆく。と言うのは、経学時代となり中央集権政治に乗りこんできた儒教官僚が知識人であったからである。儒教の礼教道徳では、聖人の言動をまねることによって、自分が進歩するとする。だから、天子は道徳的完成者であることが理想でなくてはならなかったのと同じく、行政を把握する為政者や官僚もまた民が模範とするような道徳的人物でなくてはならなかったのである。

その結果、行政の長たる者には、政策の立案や実行の能力よりも、民の模範となる道徳家・教養人であることが求められるようになった。後世の科挙の受験科目が、今日において言うような、単なる専門科目ではなくて、最終的には、教養人であることを試す科目であったのは、そのためである。すなわち、お上とは、単に法家的な権力者としての威厳という意味ではなくて、儒家的な道徳家・教養人という威厳の意味が籠っていたのである。

日本人においてもこうした政治家像・行政官僚像が、しらずしらずのうちに浸透している。例えば、現代日本の政治において「政治倫理」なるもの（その意味はよく分らないが）が強く求められている。すなわち、政治家的力量や行政官僚的能力よりも清潔な道徳家であることを求めるわけであるが、これは伝統的な儒教的お上像である。

終　章　儒教と現代と

こうしたお上（かみ）に対して、べったりと甘えてぶらさがるのが、われわれ儒教的民衆である。
例えば、ふだんは利己むきだしで、政府は国民のすることに対して干渉するなと言いながら、
社会においていったんよろしくない事件が起こると、政府は何をしていたのか、なぜきちんと
対策をとらなかったのか、と声高に責める。つまり、本質的には政府の御指導と御加護とを
乞い願うという姿勢が抜けきらない。

儒教文化圏においては、民衆は、官僚層の指導と管理とを否定する自信などはない。例え
ば、裁判所の裁判官に対して、お上（かみ）と思いこむ意識が強いので、儒教文化圏では、裁判を判
定する陪審員の制度などを民衆は信用せず、かえって認めないであろう。もっとも、平成二
十一年以来、陪審員に相当する裁判員制度が実施された。しかし、それが真に定着するもの
かどうか、しばらく観察する必要がある。

官僚側においてもそういう意識が強烈である。政治が経済と密着している今日では、財務
(旧称は「大蔵」)官僚が強い力を持っているが、儒教政治理論から言えば、民政を扱う官僚
こそ、官僚の中の官僚であった。科挙官僚がそれであり、日本の旧内務官僚がそれである。
しかし今は旧内務省は解体して、総務省・厚生労働省・警察庁などになっている。旧中国で
は行政を扱う知事が裁判・徴税・教育なども扱っていた。旧内務官僚が実権を握っていたの
は、儒教的気風がかつて残っていたためでもある。一般的に言って、儒教文化圏の行政官僚
は有能であるから（地位も高いから）、エゴ丸出しの民衆に対して、行政指導を行なうという

267

姿勢は今後も絶対に崩さないであろう。

また、儒教文化圏における官僚とは、民衆を感化し教育しうる道徳家であり教養人でなくてはならなかった。だから別に専門家である必要はなかった。その典型が科挙官僚である。

例えば清朝の場合、彼らは、財政の専門家、裁判の専門家など専門家集団（幕僚と言う）を自前で抱えていたのである。また、地方へ赴任すると、吏（地方に土着し世襲する役人）が存在しており、官（試験合格者）はその吏に行政の実際を任せていたのであった。

こうした行政官僚のあり方を表わすのが、「君子は器ならず（君子不器）」という『論語』為政篇のことばである。器は形が決っているので（器具、すなわち専門家は一つのことしかできないので）、臨機応変に対応できない。これでは政治はできないとする。だから、一つのこと専門の器具とならないで、もっと自由自在に大局を把握し大所高所から処理すべきであり、それができてこそ君子（教養人）である、そういう意味である。

五　儒教と経済観と

中国は、人口的にはまだまだ農業社会である。儒教の経済観が農業に根ざした農本主義であるのは当然である。その農業経済が商業経済と決定的に異なる点は、収入の機会と方法との点である。

農業は穀物生産が主流であるから、収入は穀物が実るとき、すなわち年に一回

268

終　章　儒教と現代と

である。商業は売買の成立のときが収入であるから、年に何回も収入がある〔仮につけであったとしても〕。とすれば、農業では、一回の収入で計画的に一年間を食べてゆくわけであるから、節約第一とならざるをえない。しかし商業では、収入の機会が多いから、必ずしも節約重視ではない。

また、収入の方法で言えば、農業は穀物という現物であるが、商業は通貨である。すると税を徴収する側でも現物は厄介である。穀物は運ぶのに嵩張るし、また保存技術の低かった当時、穀物をたくさん徴税しても腐らせたり虫や鼠に食われるだけのことである。だから、為政者は、得たその穀物をどんどん使って社会資本を増やして国富を先にしてから、その波及効果で人を富まそうとする。例えば、土木工事などが旧社会において意外と多かったのである。しかし、結局は穀物を通貨に換えることになってゆき、近世以降では、実質的には貨幣経済となる。この貨幣経済に支配され、農民はますます節約第一へとなってゆく（儒教では、農業を本とし、商業を末とするが、それは観念にすぎず、実質的には商業が侮りがたい実力を有するに至っていた）。

その結果、儒教は節約という道徳の徹底を図る。例えば『孝経』に説く「庶人の孝」とは「身を謹み用を節し、以て父母を養う」ことである。こうした節約の道徳が儒教文化圏に浸透してゆく。

私は、右のようなことを拙著『論語を読む』「経済」（講談社現代新書・一九八四年。現在は

269

中公文庫『論語』再説」・二〇〇九年）において述べているが、荒山裕行（名古屋大学）はそれに関連づけて、欧米人の場合は利益の上乗せを多くして売上げ額を高め、その増加収入によってコスト高を乗り越えようとするが、日本人の場合は、あらゆるところで節約をすることによって全体的コストダウンを図っているのではないかと思うと述べていたことがある。

節約のモラルによる経済効果の分析である。

また儒教文化圏では、節約はすぐれた人格の現われとして理解されている。だから、単なる成金は別として、成功者であればあるほど、いわゆる贅沢をしない。贅沢をすることは、むしろ逆に人々に馬鹿にされるのである。特に日本がそうである。経団連の会長であった土光敏夫の副食がメザシであったことは、人々に逆に敬意を与えたのである。

さて、経済の大問題の一つは土地である。儒教理論では、基本的には公地公民である。土地は公のものである。だから、例えば日本では、中国のまねをして、かつて班田収授を行なったのである。

第二次大戦後、日本・台湾・韓国において地主の土地を小作人に与えて自作農を増やした農地解放があった。これはやはり、公地公民という儒教的伝統が或いは行政官僚に流れていたからではなかろうか。

もっとも現代日本では、農地解放で入手した土地を売って商品化する者が多い。なお中国大陸における土地解放は、社会主義の立場からなされたものであって、ケースが異なる。ただし、やはり孫文の三民主義思想における公地の思想（平均地権）の系譜の上にあるのかも

270

終章　儒教と現代と

しれない（小島祐馬『中国の革命思想』弘文堂・昭和二五年）。

さて、東洋人には自然との一体感があるとよく言われるが、それは老荘感覚であって、儒教にはない。一一五ページにおいてすでに論じたように、儒教は人工・人為の世界を第一とし、自然を人工・人為によって屈服させようとした。ブルドーザーもなかったそのころは、自然は無限の存在であり、手作業で開拓する限りでは〈自然の征服〉ということは、むしろロマンのある目標であった。しかし、交通が発達し、機械が大型化され、自然を開発する効率が高くなってきた現代、自然は無限でなく有限であることがはっきりとしてきた。儒教流の人工・人為世界の単純な讃美は、環境破壊につながりかねない。それを抑え得るのは、子孫のためにという、同じく儒教の一方にある孝であろう。

六　日本における儒教

漢民族の言語と日本語とは異なる。当然、それぞれの言語に基づく思考が異なるのは当然である。中国の儒教と日本の儒教との間にも理解の相違が出てくるのは当然である。

中国の場合、西暦前二世紀において儒教はすでに国家公認の学問（礼教性）として認められていた。だから、西暦一世紀になって流入してきた仏教は、一時は盛んであったものの儒教に取って代ることはできなかった。また祖先祭祀や葬式を中心にして、儒教の宗教として

の地位もゆるぎなかった。ところが、日本の場合は中国と異なり、儒教は必ずしも第一位的な地位にはなかった上に、六朝から隋・唐にかけての中国における仏教の隆盛と統一国家としての奈良朝の時期とが重なっていたため、仏教の占める地位は儒教と遜色がなかった。のみならず、仏教は中国において生きのびるため、すでに祖先崇拝を取りこんでおり、そのまま日本に来たため、日本古来の祖先崇拝の立場と始めから融合することができた。一方、続いて平安時代に入ると、中国において儒教は朱子学の時代となる。つまり、礼教性の色彩の強い儒教が流入してくることとなったのである。これが江戸時代に至ると、寺請制度すなわち檀家制度により仏教寺院が大方の葬儀を担当することになったため、儒教による喪礼は儒式に従う武家行政家の一部を除いて一般的にはあまり行なわれなくなる。そのため、儒教の宗教性がしだいに見えなくなってしまってゆくこととなった。その結果、礼教性が儒教の中心となり、知的な探究が多くなったのである。つまり、儒〈教〉と言うよりも儒〈学〉の気分が強くなったのである。孝を宗教的性格の孝、生命論としての孝、という捉えかたをせず、単に親への敬愛という道徳的解釈が多くなっていったのは、そのためである。しかし、もちろん日本人の中にも儒教本来の姿をきちんと理解した者がいた。例えば中江藤樹がその一人であり、水戸藩の儒者、会沢安（正志斎）がその一人であった（辻本雅史『近世教育思想史の研究』三一〇ページ以下・思文閣出版・一九九〇年。

ところで、日本（特に江戸期）の儒教の特徴は誠の強調であると、日本思想史の論考の多

終　章　儒教と現代と

くがそう記しており、武内義雄『儒教の精神』（岩波書店・昭和一四年）を拠りどころとして
いる。

しかし、これは恐るべき誤解である。　武内はまず江戸中期の富永仲基の説を紹介する。
「神儒仏の三教の中から土地風土の特質と時代の傾向を捨象して考へるとただ誠の道といふ
ことに帰する。……現在（加地注…富永の生きた江戸時代）の日本に行はれ得る教は誠の道だ
けである」と主張している。すなわち、富永はなにも日本儒教の特色ではなくて、儒教全般
にわたって誠が共通しているという当りまえのことを言っているのである。

この富永説に基づいて、武内は、水戸学派の朱子学解釈（忠・孝は一つのものとする）を懐
徳学派（富永仲基は江戸時代の懐徳堂であり、後に東北大学教授）の一人として否定し、誠が忠にも孝にも現
建された懐徳堂の教授であり、後に東北大学教授）の一人として否定し、誠が忠にも孝にも現
われたと解釈して、それが日本儒教の特色であると言っているのである（同書二〇三〜二〇
五ページ）。すなわち、懐徳堂学派の一人として、武内義雄が水戸学派と異なった解釈を提
出しただけのことである。どうしてこの一武内説が日本儒教の特色となりうるのであろうか。

第一、富永説が、儒教に共通するものが誠である、と言うように、誠がいろいろな姿をと
って現われてくるのは、中国儒教も日本儒教も同じであって、なんら日本儒教の特色ではな
い。武内がなぜ日本儒教の特色と論断しているのか、不思議である。いや、武内説は誤解で
ある。まして、この武内説の誤解を基にして、日本儒教の特色は誠の重視であると書いてい

273

る日本思想史の諸本は、誤りを増幅していると言うほかない。

儒教、いや広く中国人の思想において、誠・実・信といった〈中身のある〉ことが最も重んじられることの根本的理由は、漢字を使用する中国人の言語に基づくものである。そのことの論証は、拙著においてすでに綿密に行なっているので、それを読まれたい（本書一五ページ）。

右のような誤りは論外として、日本儒教と中国儒教との本質的な相違の一つは、姓名に対する考えかたにある。本書五ページに述べたように、中国では同姓不婚の原則があるが、日本では、明治以前、姓を持たない人の方が多く、同姓・異姓の感覚に乏しい。だから、子がいないと、中国人はふつう同姓の（一族から）養子を取るが（異姓から取る例外もある）、日本人は異姓の養子を取ることが多い（ただし娘は実子というのがふつう）。すなわち、家を中国人は徹底的に〈血族の集団〉とするのに対して、日本人は〈一つの組織〉と考えて、時として、家に異姓の養子を取り、その養子に異姓の妻を迎えもする。いわゆる「入り婿・入り嫁」である。すなわち、その家と血縁関係のない（或いは薄い）男女を夫婦として後つぎとすることさえある。血が断絶しても平気なのである。

また、名の場合、中国では、名は死ぬと諱となりタブーとなる。だから、子孫に命名するとき、絶対に祖先の名をつけない。ところが日本では、親の名の一部を取って子に命名する

274

終　章　儒教と現代と

ことが古くから行なわれている。例えば、徳川家では家康以来、「家」という文字をよく付けている。三代家光・四代家綱・六代家宣・七代家継……というふうに。こういうことは、中国では絶対にありえない。まして、親の名を襲名すること、例えば住友家は代々「住友吉左衛門」の名跡を継いでゆくが、そういうことは、家を組織と考え、組織を重んじる日本的ありかたと言うほかはない。

しかし、日本人のこの感覚、すなわち、家という共同体を組織として捉える感覚からすれば、会社という共同体に対して、組織として捉えることはたやすい。けれども、家を血族の共同体として捉える感覚の中国人の場合、会社に対しても、組織というより自分が密接に関わるもの、すなわち〈血〉の流れているものという感覚から抜けきれない。だから、日本人の会社は異姓の者をどんどん取りいれ組織として巨大化する可能性を持っているが、中国人の会社は、血でつながる一族経営の小・零細企業が中心となっている。それを越えて巨大な組織化を図ってゆくことは困難であろう。将来、国営会社は別として、会社の規模、延いては経済の規模の問題は、きっと起こることであろう。

また、人口問題の場合、中国大陸においては、一人子政策（ひとりっこ）を取るにもかかわらず、人口がいろいろな抜け道によって増大し、日本においては出生率が低下し人口減へと向っていることも儒教の〈血〉の生命観と関わっている。すなわち、中国大陸において儒教意識がまだ根づよく生きており、日本では、欧米の個人主義の普及とともに、しだいにその意識が稀薄化

しつつある傾向を見ることができる。

紙幅も尽きたので、最後に、日本における儒教の、現代に生きている意味を特に記しておきたい。それは儒教経典の古典としての価値である。例えば官庁や学校や会社の指導層が訓示をするとき、或いは諸式典の挨拶において、シェイクスピアやゲーテ、或いはカントやデカルト、マルクスやデューイなど、欧米の人物のことばを引くことは、きわめてまれである。仮に引用したとしても、それを聞く側には、なんとも言えない違和感がある。もし引用するとすれば、中国や日本の古典のことばが圧倒的に多い。それも『論語』をはじめとして、儒教のことばが中心である。聞く側も違和感がない。

或る日本人哲学者、故山形頼洋氏が、かつてつぎのような書簡を私に寄せたことがある。

私自身は漢文の素養が無いのですが、それでいつも残念に思うのは、事を決するにあたり、自分を支えてくれるような適切な言葉をもたないということです。西洋近代哲学は要するに認識論であり、「何であるか」ということはできても、「何をなすべきか」はそこから出てこないのです。たとえ出てきたとしても、その言葉はなかなか私の身にそわないので、意志の力とはならないのです。行為には情況認識や命令（……せよ）のほかに、将兵を安んじて死に赴かせるような司令官の人格そしてその言葉が必要だと思うのです。

276

終　章　儒教と現代と

誤解を避けるためにあえて言えば、右の文中の「将兵を安んじて死に赴かせる」ということばは、比喩であって、実際の戦争のことを指しているわけではない。人の一生には、戦闘と同じような場面に出会うことが何度かある。そのときに必要なことばという意味である。

古典は〈人間を支えてくれる適切なことば〉を豊かに持っている。もちろん、全世界にさまざまなすぐれた古典があり、すぐれたことばが数多くある。しかし、余分な前提をいっさい省き、東北アジア人にとって掛け値なくぴったりとすることばとは何かと言えば、『論語』を代表とする、儒教関係を中心とする古典のことばである。それは、儒教文化圏の東北アジア人が共通して理解できることばであり、それを享受できる特権をわれわれは持っているのである。

277

附録 『家礼』略説

『家礼』(本書一二一ページ)は宋代の士大夫(したいふ)(中級以上の官僚)階層を念頭に置き、儒教における冠昏喪祭(かんこんそうさい)(いわゆる冠婚葬祭)の礼式(モデル)を説明している。もっとも古代の礼を参考にしつつ朱子が組み立てた一つの案であったので、批判も受けたが、庶民を含めて、東北アジアの冠昏喪祭に大きな影響を与えた。この『家礼』は、変形しながら、現代においても生きている。特に喪礼は今日の日本における一般葬礼の原型である。この『家礼』の内容を分りやすく図示した『家礼図』は、後人によって作られたものであり、『家礼』の内容と一致しないところもある。しかし、家における冠昏喪祭の大筋を眼で知るのには便利である。以下、他書の図も加えて『家礼図』の一部を紹介する。

第一図

一般に士大夫の家(居宅)の構造は、次ページの第一図のようである。全体に南向きで、Aが室で、Bが堂でありフロアとなっており、ここにおいていろいろな公的儀式がなされる。

279

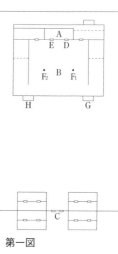

第一図

Cは門で、門と堂との間が中庭となっている。$F_1 \cdot F_2$は柱(両楹)で、家屋を支えている。Dは戸で、ここから出入りする。Eは牖(窓)である。G(東側階段)を阼階と言い、主人が登る。Hを西階と言い、客が登る。冠昏喪祭は、G・Hを利用しつつ、主としてBのフロアを舞台にして行なわれる(図は池田末利訳註『儀礼Ⅰ』に基づく)。すなわちG側は主人側(主人側の血縁者たちの場所)、H側は客人側(客人たちの場所)で、これは今日の会場席の設営にまで影響が至っている。一般儀式(例えば葬儀)において、遺族はG側に、客人はH側に坐る。

第二図

第一図の居宅の東側に、家廟を建てる。これが第二図である。形式的には、居宅の中心部のミニチュアであり、堂・階段・庭などがある。中央の建物が祠堂と呼ばれ、家廟の中心である。この祠堂が「みたまや(御霊屋)」であり、祖先の神主(仏教はこれを取り入れて位牌とする。第七図)を安置してある。冠・昏・喪・祭は居宅で行なうが、冠では、その始まる前、昏ではその中間に、また冠・昏の終った後、必ず祠堂に行き、挨拶や報告などを行な

附録 『家礼図』略説

第三図

第二図

う。喪では、終った後、新しい神主を祠堂に納める。祭は、祠堂から神主を居宅に移して行なう。もちろん、終れば祠堂にもどす。望（十五日）の日など、事あるごとに祠堂で儀式が行なわれる。

第三図～第六図

第三・四・五図は祠堂の内部を示す。家が豊かであると第三・四図のような、そうでないときは第五図のような祠堂を建てる。広さや階段や門・塀・別棟（第三・四図の右側に倉庫）の相違が見られる。庶民は居宅の一室に第五図の配置を簡略化したものを備え祖先堂と称していたようである。図中の香案は、香炉・香台を置く机（要するにいわゆる線香台を置く机）である。第三図の庭に、参列者の位置が示されている。なお、第三図の考・妣は亡き父・母、祖考・祖妣は亡き祖父・祖母、曽祖考・曽祖妣は亡き曽祖父(ひいじじ)・曽祖母(ひいばあ)、高祖考・高祖妣は亡き高祖父(おおひいじじ)・高

281

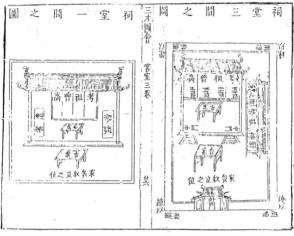

第五図　　　　　　　第四図

祖母それぞれの神主（本書一九ページ）のことである。第四・五図の考・祖・曽・高も同じ。これらの神主の並べかたは横一列であるが、第六図は一代置きに交互に並べる古礼に従っていて異なる。また第六図上段は始祖を祭っている（五柱の神主の中央）。血のつながる家族と意識するのは、自分を入れて五代前（高祖考妣）までであるから（本書一四九ページ）、もし当主（男）が死者となり、その神主を立て新しく祠堂入りをすると、その新神主が考となり、次々とくりあがるので、従来の高祖考は、はみ出る。するとこの旧高祖考の神主を廃して始祖の中に含みこむ。だから神主の数は常に一定している。始祖の神主は、ほんらいは本家のみが祭るものであり、分家で廃された神主も始祖の中に含みこまれる。仏教の、

282

附録 『家礼図』略説

第八図

第七図

第六図

例えば「加地家先祖代々之霊位」という位牌は、この始祖(廃された神主を含みこむ)の意識であろうか。第四・五・六図は『三才図会』より。

第七図・第八図

本書一九ページに述べるように、祖霊を招き憑りつかせる戸となるのが神主(木主)。第七図の場合、中央の長方形の板(前式)を、左側の、上部が円の板(後式)の前面にはめこむ(これを前方後円とも形容する)。第七図中の左図は、後式に前式を嵌めこんだ形。両者ともに上部になななめに切りこみがはいっているので、はめこむと前へ倒れない。それをさらに図の下部の四角形の台に差しこんで組み立てたのが右側の神主。第八図は神主を納める櫝(前開きの扉の付いた箱)。第七図は『三才図会』より。

第九図〜第十一図

礼では、衣服を始め、使用する諸物の形や寸法や数量などの規定をしている。その中で衣服の場合、深衣とい

283

第十図

第九図

第十一図

う衣服が一つの規準となった。深衣は、本来士大夫以上の者が、日常、制服的に夕方に着る服である。この深衣を規準とすると、例えば冠礼では、この深衣から始まって、それよりもっぱな服に着がえたり、喪礼では勤務用の公服を脱いで深衣を着、その後、喪服となる。もっともこの深衣については、あらゆる点で、古来、諸説があって議論が絶えない。ふつう、衣（上衣）・裳(しょう)（スカー

284

ト）とに分れるツーピースを着るが、深衣では両者がつながったワンピースとなっているのが特徴である。その諸寸法や形（第十一図は両襟を合わせている）を示したのが第九・十・十一図である。

第十二図・第十三図

〔冠〕第十二図上段は、男児の成人式（加冠）、同下段は女児の成人式（加笄）それぞれの招待状の一例で、『家礼会通』より。加冠は父が、加笄（けい）〔笄〕は、こうがい）は母が中心となる。このとき、

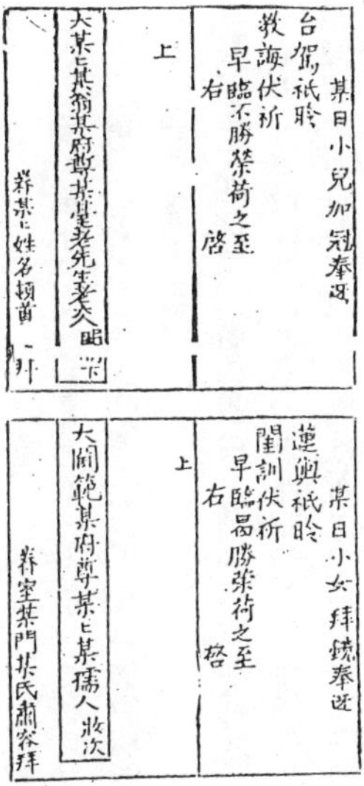

第十二図

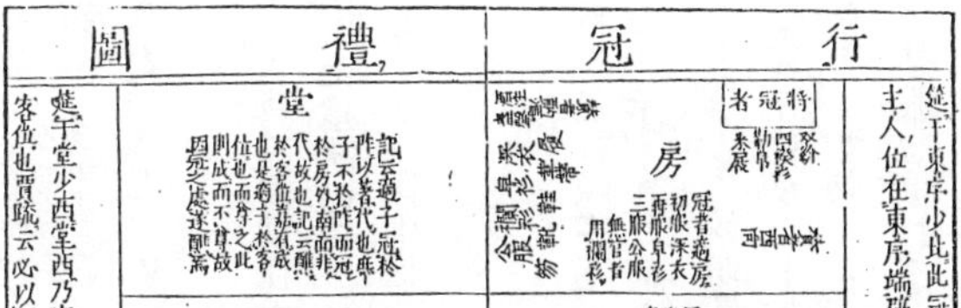

第十三図

字をもらい、以後、それを使うこととなり、名は主君や親や先生など以外の人は呼ばないこととなる。第十三図は冠礼の進行を示している。右上部の当事者（将に冠せんとする者。将冠者）、房（居室）、堂、阼階・西階（第一図説明参照）などのことばに注意。

第十四図・第十五図

〔昏〕第十四図は、婚約書の一例で『家礼会通』より。上段は男性側から女性側へ差し出したもの。下段はその逆で、女性側から男性側へ差し出した承諾の印。婚約（許婚）に始まり諸段階があるが、第十五図は新婦を迎えるときの進行を示す。図中において〇や〇で囲まれた人物の位置などに注意。

第十六図～第二十図

〔喪〕第十六図は、後漢の鄭玄の説に基づき、死者の首を包む順序(1)・(2)・(3)を示す。包む掩（覆い布）は練帛で作る。大きな順序は、包む前に、瑱（耳の穴を纊でつめる）をし、幎目というひものついた黒色の帛で目（結局は顔全体）を覆い、後頭部でそのひもを結ぶ。喪儀には諸段階があるが、死の翌日、小斂という儀式を行なう。絞を置き、その上に衾を敷く。第十七図はそれから掩で頭を包む。この図と説明とは、川原寿市『儀礼釈攷』より。衾の上に散衣を置き、さらに祭服を重ねる。その上に遺体を移す。あとで衾で覆い包み、絞で結ぶ。第十七図は右側で主人が、左側で主婦が、遺体（尸）に寄りすがって悲しみの礼を行なうことを示している。このあと喪儀がいろいろと続く。第十八

286

附録 『家礼図』略説

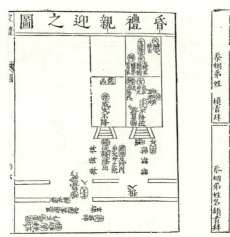

第十五図

第十四図

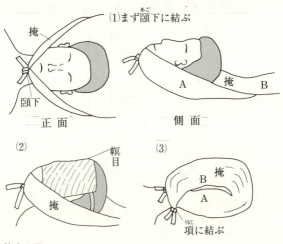

第十六図

287

第十八図

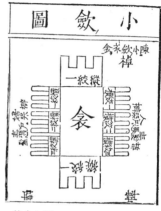

第十七図

斬衰衣

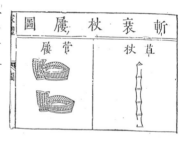

斬衰裳

第十九図

附録　『家礼図』略説

第二十図

図は、明代における喪儀の祭壇の様子（ただし『家礼』を背景としている）。椅子に掛けてある帛は、死者の魂の憑りつくところ（形代）の意味。この段階では、まだ神主を作らない。

なお、帛とそのうしろの柩との間に、世俗では死者の画像（現代で言えば写真）を置くという。白川静の説に依れば、衣は霊の依るところとし、「依」字も霊が衣に憑り添うことを示し、「衣」を含む「哀」・「衰」など死者儀礼に関わる字が多いとする。亡き人の着用した衣服を通じて亡き人を追慕するという意識の根元に、白川説のような古代以来の原意識があるのかもしれない。第十八図は『三才図会』より。斬衰は、親の死のときの喪服で、最高の悲しみを表わす。第十九図（『三礼図』より。ただし、右下段は『三才図会』より）は、そのときに用いるもので、第二十図（『三才図会』より）が、それらを身につけたようす。

第二十一図・第二十二図

〔祭〕祠堂から居宅の堂に遷してきた神主（祖先）を祭るようすが第二十一図。図中の各神主の前の区切られた方形は、各神主への饌（供え物）を置く机。その机や香案の前の「茅沙」は、束ねた茅と砂とのことであり地上に置いてある。茅の上に酒を注いで地を祭るわけであるが、酒を地にまいて地下の魄を呼び、匂いのいい柴を焚いて天

第二十二図

第二十一図

上の魂を招きよせる古代の儀礼の伝統であろう。(本書一八ページ)。第二十二図は、考（亡父）・妣（亡母）を例にしての、供え物の内容が示されている。儒教では、祖先を祭るとき、肉や魚など動物質の供え物がある。

このような儀礼は大韓民国において今も生きている。一九七三年同国公布の「家庭儀礼準則」に拠れば、祭祖の順序は①神主を安置、②祭壇後方中央に故人の写真を安置、③(1)香を焚く、(2)茅沙器に酒を注ぐ、(3)参列者一同が一斉に再拝……とある（成話会編『韓国の産礼・婚礼・還暦・祭礼』・図書刊行会・一九八七年）。すなわち「香を焚き、地上に酒を酹（そそ）ぐ（注ぐ）」ことが守られている。

例えば孔子を祭る祭祀（釈奠）では、最初にその魂（神）を門外から迎え、終ると門外へ送り帰す。死者へのこの迎神・送神が日本仏教に取り入れられて、お盆の迎え火（八月十三日）・送り火と

290

附録　『家礼図』略説

なる。　八月十六日に京都で行なわれる大文字の送り火は、　その一大ショーと化したものである。

＊細谷恵志『朱子家禮』（明徳出版社・平成二十六年十月）は、『家礼』の全訳注である。また「家礼図」は文字が大きく分りやすい。礼について興味ある方は参考にされたい。

あとがき

　中嶋嶺雄氏（故人・当時東京外国語大学）を代表とする「東アジアの経済的・社会的発展と近代化に関する比較研究」（略称「東アジア比較研究」）が、昭和六十二年度から三年間、文部省科学研究費補助金に基づいて行なわれた。文科系初の重点領域研究ということで、文部省は後援を惜しまず、参加研究者も五十人から八十人余にのぼる大プロジェクトであった。全体として十班に分れ、私は「儒教文化圏の歴史と社会」班に属して参加し、班の責任者を務めた。

　この「東アジア比較研究」は、別名「儒教文化圏の研究」である。すなわち、近年、欧米から急速に「儒教文化圏」ということが言われだした（本書四六ページ）ことを背景として、現代における儒教文化圏の意味と位置という世界史的課題の下に、この研究が発足したのである。　参加者の大半は、国際関係論や経済学等を専攻する社会科学研究者であったが、私などごく少数の中国古典研究者ら人文科学研究者も参加して、学際的研究交流を試みることとなった。　私としては、非常な勉強となり貴重な経験を得た。

あとがき

その第一回総会がシンポジウムを兼ねて、昭和六十二年七月十日から三日間、大磯プリンスホテルにおいて行なわれた。その第一夜、私は平林孝氏(当時中公新書編集部)らと痛飲、談論風発した。そのことがきっかけで、しばらくして同氏から儒教に関する概説書を書くことを求められた。氏は時代の要求を洞察したと言うべきであろう。

実はそのころ、私自身も秘かに或る覚悟をしていた。すなわち、中国哲学史を専攻する私の「東アジア比較研究」における任務とは、「儒教とは何か」という根本問題の答案を書くことではなかろうか、と。

平林氏の要請に応えた私は、やがてその実験的試みを行なう機会を得た。同じくこの研究に参加されていた飯田経夫氏(故人・当時名古屋大学)から、飯田班の研究会において儒教概論をせよと求められたからである。そこで私は長年考えていたことを整理して、主として仏教との連関において論じた。そのときのノートが本書の母胎となっていった。

もっとも、二千五百年間にわたって生き続けてきた儒教を有機的に体系化することは至難の業であり無謀であった。しかし、三十年余研究生活を続けてきた私にとって、独自の儒教論を構成しつつ中国哲学史を全体として把握する仕事は絶ちがたい魅力あるものであった。ひとたび学を志した以上、こうした無謀な挑戦を望まない者があるであろうか。私は開き直って猛勉強した。

一方、中公新書のための構想も熟した。目的はただ一つ——儒教の単なる事実の歴史を書

くのではなくて、なぜそうなのか、その理由を解析して有機的に体系的に儒教を論ずること

であった。そうした試みの儒教概論書は、第二次大戦後四十五年、おそらく本書が初めてで

あろう。平成元年の夏から約半年、私は全力投球して書ききった。

　乱雑な拙稿を丁寧に整理し有益な助言を与えてくださった編集部の木村史彦氏、三年間、

絶えず激励してくださった平林孝氏、いろいろと協力してくれた佐藤一好・寺門日出男・佐

藤明浩各君をはじめ、知己となり学恩を蒙った「東アジア比較研究」参加者諸公に対して、

厚く感謝の意を表し申しあげる。

平成二年四月十日

孤剣楼　　加地伸行

増補版のための後記

本書を刊行して二十五年を経た。幸い読者の暖かい御支持を得て版を重ね生き延びることができて今日に至った。著者としてこれ以上の悦びはない。

しかし、自身で読み返すうちに、補訂したい部分が出てきた。もちろん、大筋における変更はないが「第六章 儒教倫理」を加えることによって、より充実することができた。その他、この二十五年間における社会状況の変化に基づき、修訂も行なった。

本書の意義は、一般的に、延いては専門研究者においても、儒教に宗教性を見ようとしない誤解を打破した点にある。この点を最初に評価したのは、真宗大谷派内の研究熱心な僧たちであった。同宗は、明治以来、「家の宗教から個の自覚の宗教へ」を核にして宗教活動をしてきたが、最後は門徒自身がやはり「家の宗教」へと志向するので、なぜかと悩んでいたところに拙著が現われ、その理由がよく分ったとのこと。その他、真言宗・曹洞宗・臨済宗・金光教・立正佼成会・創価学会等が私に講演を求めてきた。一方、中国学では、東洋史（中国史）・中国文学の研究者たちが〈儒教の宗教性〉の面を切り口として新しい研究を積極

的に進めている。しかし、最も反応が鈍く、と言うよりも、拙論を理解する力がなく、いわゆる〈通説〉にしがみつき、〈儒教の宗教性〉に基づいて研究を進めようとしないのは、かえって中国哲学の研究者らである。その〈通説〉なるものは、私が完膚なきまでに論破したにもかかわらず、彼らは、相変らず〈儒教の礼教性(道徳性)〉だけに基づいているため、研究は停滞している。そういう現象に対して、老いの坂を下りつつある私は、後世の若い中国哲学研究者たちに期待を寄せる日々である。

増補版刊行に当って、中公新書編集部の田中正敏氏に多大な御尽力を得た。厚く感謝の意を表し申しあげる。

平成二十七年四月十日孤吟中寿

孤剣楼　　加地伸行

296

加地伸行（かぢ・のぶゆき）

1936年（昭和11年），大阪に生れる．1960年，京都大学
文学部卒業．高野山大学，名古屋大学，大阪大学，同志
社大学を経て，現在，大阪大学名誉教授．文学博士．専
攻，中国哲学史．
著書『加地伸行著作集　全三巻』（『中国論理学史研究』
『日本思想史研究』『孝研究』，研文出版）
　　　『中国学の散歩道』（研文出版）
　　　『「論語」再説』（中公文庫）
　　　『「史記」再説』（中公文庫）
　　　『沈黙の宗教──儒教』（ちくま学芸文庫）
　　　『論語　全訳注』（講談社学術文庫）
　　　『論語のこころ』（講談社学術文庫）
　　　『孝経　全訳注』（講談社学術文庫）
　　　『漢文法基礎』（講談社学術文庫）
　　　『論語』（角川ソフィア文庫）
　　　ほか

儒教とは何か	1990年10月25日初版
中公新書 989	2011年 9 月15日28版
	2015年11月25日増補版初版
	2017年 4 月30日増補版再版

著　者　　加地伸行

発行者　　大橋善光

定価はカバーに表示してあります．
落丁本・乱丁本はお手数ですが小社
販売部宛にお送りください．送料小
社負担にてお取り替えいたします．

本書の無断複製（コピー）は著作権法
上での例外を除き禁じられています．
また，代行業者等に依頼してスキャ
ンやデジタル化することは，たとえ
個人や家庭内の利用を目的とする場
合でも著作権法違反です．

本文印刷　三晃印刷
カバー印刷　大熊整美堂
製　　本　小泉製本

発行所 中央公論新社
〒100-8152
東京都千代田区大手町 1-7-1
電話　販売 03-5299-1730
　　　編集 03-5299-1830
URL http://www.chuko.co.jp/

©1990 KAJI, Nobuyuki
Published by CHUOKORON-SHINSHA, INC.
Printed in Japan　ISBN978-4-12-190989-3 C1214

宗教・倫理

- 2293 教養としての宗教入門 中村圭志
- 2158 神道とは何か 伊藤聡
- 1130 仏教とは何か 山折哲雄
- 2135 仏教、本当の教え 植木雅俊
- 2416 浄土真宗とは何か 小山聡子
- 2365 禅の教室 藤田一照/伊藤比呂美
- 134 地獄の思想 梅原猛
- 1661 こころの作法 山折哲雄
- 989 儒教とは何か〈増補版〉 加地伸行
- 1707 ヒンドゥー教──インドの聖と俗 森本達雄
- 2261 旧約聖書の謎 長谷川修一
- 2423 プロテスタンティズム 深井智朗
- 2076 アメリカと宗教 堀内一史
- 2360 キリスト教と戦争 石川明人
- 2173 韓国とキリスト教 浅見雅一/安廷苑

- 2306 聖地巡礼 岡本亮輔
- 48 山伏 和歌森太郎
- 2310 山岳信仰 鈴木正崇
- 2334 弔いの文化史 川村邦光